地域づくりの
基礎知識 **5**

働き方と
イノベーション

山口隆英
鴨谷 香 編

神戸大学出版会

地域づくりの基礎知識

　日本の地域社会の存続は，今大きな危機を迎えようとしています。中山間部での人口の減少と都市部での人々の流動化の拡大は加速しており，人口の首都圏への集中も急速に進んでいます。これまで日本社会の中で，長く続いてきたコミュニティや基礎自治体の存続そのものが脅かされる事態が生まれています。このような状況の下で，地域社会に生きる私たち一人一人にとって，主体的に地域社会に関わり，それを未来に継承していく「地域づくり」が大きな課題となっています。

　それでは，どのようにして地域づくりをすすめていけばいいのでしょうか。日本列島は，多様な自然環境の下，豊かな生態系を持つとともに，火山の噴火，地震や台風など自然災害が日常的に生起する場です。そのような場で，人々は工夫を凝らしながら長年にわたって暮らしをつないできました。

　私たちは，そこから生まれた地域社会の課題を多様な視点からとらえ，どのように対処していけばいいのかということを，「基礎知識」として共有していくことが重要であると考えています。そのような思いをこめて，本シリーズを『地域づくりの基礎知識』と名付けました。

　本シリーズは，地域住民，自治体，企業と協力して，神戸大学・兵庫県立大学・神戸市看護大学・園田学園女子大学等，兵庫県内の大学が中心として展開してきた取り組みを集約したものであり，平成27年度文部科学省「地（知）の拠点大学による地方創生推進事業

（COC＋事業）」で，兵庫県において採択された「地域創生に応える実践力養成ひょうご神戸プラットフォーム」事業の一部を成すものです。兵庫県は，日本の縮図といわれ，太平洋と日本海に接し，都市部，農山漁村部と多種多様な顔を持っています。そこでのさまざまな課題は，兵庫県に関わるというだけでなく，日本各地の地域が抱える課題と共通するものであると考えます。

　本シリーズは，関連する領域ごとに「歴史と文化」「自然と環境」「子育て高齢化対策」「安心安全な地域社会」「イノベーション」の5つの巻に整序し，テーマごとに体系的に課題を捉えることで，地域の課題を，初学者や地域づくりに携わる方々にわかりやすいように編集しています。それにより，領域で起こっている地域課題を理解するための良きガイドとなることを目指しています。また，読者がさらに深く地域社会をとらえることができるように巻の項目ごとに参考文献を示しています。地域課題はかならずしもそれぞれの領域に収まるものではありません。シリーズ化により，新しい視座が開けることが可能となると考えています。

　本シリーズの刊行が，地域の明日をつくる人々の一助となり，さまざまな地域が抱える困難に立ち向かう勇気を与えることを願ってやみません。

品田　裕 （神戸大学理事・副学長 社会連携担当）
奥村　弘 （神戸大学COC＋事業責任者）
佐々木和子 （COC＋統括コーディネーター）

「地域で働く」ために必要不可欠な イノベーションの創出

山口 隆英 鴨谷 香
兵庫県立大学国際商経学部　兵庫県立大学地域創造機構

　我が国は人口急減・少子高齢化という課題に直面しており，地方創生の基本方針である政府公表の「まち・ひと・仕事創生基本方針2019」をはじめ，人口減少への対策，将来にわたる成長力の確保等，活力ある日本社会の維持のため各地域でそれぞれの特徴を生かした自律的で持続的な社会創生をめざす施策が実施されている。地方における魅力的な働き方の実現と，地域の活性化が大きな課題となっている現在，「地域で働く」ということを深掘りすることが必要である。

　「まち・ひと・しごと創生基本方針2019」の中で，「地方へのひと・資金の流れを強化する」「新しい時代の流れを力にする」「人材を育て活かす」「民間と協働する」「誰もが活躍できる地域社会をつくる」「地域経営の視点で取り組む」という，施策実施のために重要な6つの視点が挙げられている。これらから浮かび上がる，地域創生を実現する上で理解すべき重要な概念のひとつが「イノベーション」である。

　ラテン語の「innovare」を語源とする「イノベーション（innovation）」は，何かを新しくするという意味を持つ。ここで留意すべきは，玉田（2015）の「創新普及」というイノベーションの訳語の提案にみるように，発明などによる新しいものの創造だけではなく，それが社会に広く受容され，社会的・経済的な価値を創出して，初めてイノベーションになるという点である。また，延岡（2017）らはイノベーションの創出には，「効率的かつ効果的に資源（人，モノ，金，情報）を動員，駆動，結合させる主体的な工夫を絶えず行う実践」である「イノベーション・マネジメント」が必要との観点から研究を進めている。このように近年様々な実践の中から知見の体系化が進められている。社会的・経済的価値の創出や，地域の活性化や地域の魅力ある働き方を進めるためには，イノベーションとそのマネジメントに関する理解が不可欠と言えよう。

　さて，上述のように若者の地方離れ，大都市集中が指摘されて久しいが，地域で働くことでしか得られないメリットはどれだけ着目されているのだろうか。地方では大都市圏と比較して，家賃や物価が低い，通勤時間や労働時間が短い，知人や友人などのコミュニティを存続できる，共働き・子育てがしやすい，家族とともに過

ごす時間・余暇を確保しやすいなど，ワーク・ライフ・バランスの視点から有利な点も多い。今後，インターネットや ICT 技術のさらなる活用により，必ずしも大都市圏や都会に居住する必要もなくなるであろう。

　現実には，本書の事例で示していくように既存の地域資源を新たな観点から捉え直すことによって魅力的な職場や生き方を創造する実践がすでにある。このような地域就職のメリットや，その魅力の種は存在しているものの，その価値が働き方を選択する若者に対して十分に伝わっていないことが課題である。

　本書は，地域における魅力的な働き方について整理し，働き方の選択を行う若者に，その情報を届けること，そして，地域活性化を実現するために必要不可欠なイノベーションの理論と実践例について理解を深めてもらうことを目的に執筆した。
本書の構成は以下の通りである。第 1 章では，本書のテーマである地域での働き方やイノベーションの概念について紹介するとともに，地域活性化や，個人の地域におけるキャリア形成を実現する上で，地域イノベーション創出の重要性および創出のための必要条件について概説した。

　次に，地域イノベーションの担い手が働き方を選択する上で重要なキャリア概念を取り上げる。第 2 章では，地域社会に関わりながらキャリアを構築するローカルキャリアの類型を示し，キャリアサクセスの構造について検討した。

　第 3 章から第 8 章では，兵庫県内の取り組みに焦点を当てる。まず，第 3 章では，若者，女性，高齢者，障がい者，外国人など，多様な人材の活躍によるイノベーションの創出を目指す同県の取り組みについて紹介する。また第 4 章では女性の活躍，第 5 章では障がい者の活躍を取り上げ，多様な人材の活躍がイノベーションを創出する事例を示し，そこから得られる知見を共有する。さらに，第 6 章では製造業，第 7 章で林業におけるイノベーション創出事例を取り上げ，産業ごとの相違点についても触れる。そして，第 8 章では，地域イノベーション創出における ICT やデータの利活用の重要性を示すとともに，課題解決に向けた提案を行った。

　第 9 章では，地方中小企業の課題である後継者不足に着目し，デザイン経営を考慮した事業承継が地域イノベーションを創出するうえで有効な機会であることを指摘する。第 10 章では，キャリアの定義や，キャリア教育・支援に関する変遷を紹介し，イノベーター創出に向けての課題と展望を述べる。さらにコラムでは，各章に関連するイノベーティブな取り組みや，トピックについて取り上げた。
本書が地域活性化に向けて重要となる働き方やイノベーションに関する理解を深める一助となることを期待する。

- 玉田俊平太（2015）『日本のイノベーションのジレンマ』翔泳社
- 一橋大学イノベーション研究センター編(2017)『イノベーション・マネジメント入門(第 2 版)』日本経済新聞出版社

CONTENTS
目次

第 1 章

地域の職場における
イノベーションについての視点

山口 隆英
兵庫県立大学国際商経学部

地域でのキャリア形成を考える上で，地域の職場を考える必要がある。地域の職場がイノベーションの場となることで，地域でのキャリアの形成が現実のものとなる。つまり，地域の職場で何らかイノベーションが起こることで，そこで働く人の雇用が維持されるだけでなく，雇用が拡張される。地域の職場がイノベーションの場になるためには，いくつかのタイプの人材が必要である。特に，解決されるべき課題を認識し，その課題と解決策を結びつける上では，既成の価値観にとらわれずに行動できる人材を雇用できることが重要であることを明らかにする。加えて，地域の職場が課題と解の結びつきを価値のあるイノベーションに育てる必要性を言及する。

キーワード

イノベーション　ゴミ箱モデル　若者・バカ者・よそ者
価値創造　価値獲得

1　はじめに

　学生のキャリアを考える上で，地方の大学を卒業して，東京の会社に職を得るというパターンが多くなってきているという実感がある。地方の大学を卒業して，あるいは，東京の大学を卒業して，地方の企業で働き，キャリアを築く学生は減少しているのではないだろうか[1]。銀行に見られるように産業全体としての統合が起こり，本社を地方から東京に移すケースもある。また，関西と東京に本社を置く，2本社の体制に取っていた企業においても，多くの役員が東京に籍を置くようになっている。神戸でも，地元で成長し，全国展開を図ってきたトリドールホールディングが本社を神戸から東京に移すと表明している[2]。このような状況の中にあって，学生に地方での今後のキャリアパスを考えてもらうという機会の提供が，COCプラス事業で取り組んだ事業の課題であった。学生の地方での就職という課題は，学生側だけの視点では解決しない。受け入れる地方の企業にも東京の企業にない職場環境を作り出すことを求める。それがイノベーションがおこる職場環境である。イノベーションの実現に向けては，多様な価値観を受け入れられる職場環境になっていることが重要である。つまり，地方の企業こそ，東京の職場が持つ保守的な価値観を超えて，革新的な価値観を持つ必要がある。多様な価値観を持つ人材を受け入れていることがイノベーションにつながる最初の一歩である。このようなポジティブな情報が地方の企業が学生を惹きつける要素になっていくのであり，本書で紹介するケースはこのような革新的なケースである。

　イノベーションというポジティブな情報を学生に提供することが地域でのキャリアを考えてもらうきっかけとなる。そこで本章では，地方の職場でイノベーションを考える場合，多様な人材が働けることの重要性を明らかにする。それと同時に，新たな取り組みが多くの人にとって価値のあるものになってこそ，イノベーションとなることを説明する。そのために，次のような順番で議論していく。第1に，イノベーションの考え方を整理する。第2に，イノベーションの実現と多様性の関係を整理する。第3に，多様性を形作る「若者・バカ

者・よそ者」といった新たな価値案を提示する人たちを雇用する意味を説明する。第4に，地方の職場が付加価値を作り出し獲得する役割を担うことを述べる。そして，最後に，イノベーションのプラットフォームとしての地方の職場への期待をまとめて結びとする。

2 イノベーションの考え方

　地方で起こるイノベーションとはどのようなことを指すのだろうか。まず，イノベーションの概念整理を行い，地方の職場で起こるイノベーションのあり様を考えていく。次に，どのような条件がイノベーションには必要とされるのかを明らかにしていく。

　イノベーション（innovation）は，一般的に，電話やインターネットのように，社会に大きな変化をもたらす革新的な発明，あるいは，スーパーマーケットやアマゾンのような EC サイトという生活のパターンを変えるような新しい事業形態の発明のようにとらえられることが多い。しかし，これは，狭い意味でイノベーションをとらえており，イノベーションはもっと広範なものとして議論されている。もっとも基本的なイノベーションの議論は，シュンペーター（Schumpeter）（1912）による議論であり，シュンペーターは，イノベーションを次のように定義している。

　　経済活動の中で生産手段や資源，労働力などをそれまでとは異なる仕方で
　　新結合すること

ここでいう新結合とは，これまである技術や製品であっても，新たな発想の元に組み合わせたり改良したりすることによって，新たな価値を創造することである。イノベーションはゼロからスタートして何かを生み出す作業とは限らない。発明・発見とイノベーションを異なる概念といえる。イノベーションは，新しい組み合わせによって価値を作り出すことであるので，多くの人がイノベ

ーションを生み出す可能性を秘めているといえる。シュンペーターは，新結合の可能性として，次の 5 つの新結合があることを示している。

①新しい財貨の生産
②新しい生産方法の導入
③新しい販売先の開拓
④原料あるいは半製品の新しい供給源の獲得
⑤新しい組織の実現（独占の形成やその打破）

2019 年に書かれたウェブサイトの記事を見ると，次のように置き換えられており，イノベーションを議論するという，この章の役割に照らして，この用語を活用して，イノベーションについての説明を加えていく[3]。

①プロダクト・イノベーション
②プロセス・イノベーション
③マーケット・イノベーション
④サプライチェーン・イノベーション
⑤オーガニゼーション・イノベーション

シュンペーター（1912）が議論するイノベーションはこの 5 つのイノベーションにかかわっているといえる。本章で議論するイノベーションは，この 5 つの領域にかかわるものといえる。5 つのイノベーションを見ると，第 1 のプロダクト・イノベーションは，電話で開発された通信技術とコンピュータで開発された電子計算機の技術の結合によって生じたイノベーションとしてアップルの i phone を考えることができる。第 2 のプロセス・イノベーションとしては，豊田自動織機の開発で考えられた自動停止装置とジャスト・イン・タイムという在庫管理のシステムが結びついて創り出されたトヨタ生産システムは新たな生産方法であった。第 3 のマーケット・イノベーションは，昆布の代用品として考え出された味の素が中華料理をはじめとする様々な料理にうま味調味料として用いられ，日本だけでなく様々な市場で販売されている。第 4 のサプライ

チェーン・イノベーションとしては，出光が新しい石油の供給先を作り出した日章丸事件は有名である[4]。そして，最後の，オーガニゼーション・イノベーションは，大企業としての企業の強みと中小企業の機動力を結びつけたパナソニックの事業部制組織は広く知られている。

　以上のように，本章で議論されるイノベーションは，広範囲にわたる取り組みが対象となることがわかる。必然的な条件として，すでに存在する要素が，新たな目的のために組み合わされ，新しい価値を生み出してくことをイノベーションとしてとらえている。何かの発見・発明という要素は，イノベーションにとって重要ではあるが，それ単独で価値があるのではなく，何か別の要素と結びつき，誰かにとって価値がある状況を作り出されて初めてイノベーションが実現されるといえる。

3　イノベーションの実現と多様性の関係

　前節において，イノベーションは，誰かにとって価値があることが，いくつかの要素が結びつけられることで発生する現象であると述べた。このことを詳述すると，イノベーションの実現という問題を考える場合，誰かが抱える課題があり，誰かが解決につながる解答の要素を持っていることが必要であるといえる。

　イノベーションの実現について，コーヘンほか（Cohen, March & Olsen, 1972）の考え方に参考に考えてみると，イノベーションにつながる意思決定には，課題（問題），解，参加者，選択の機会が必要と考えられている[5]。第1に，コーヘンほか（Cohen, March & Olsen, 1972）は，課題を組織の中の人の関心事ととらえられているが，組織の内外の環境の中で誰かが解決したいと思っている課題と考えていいだろう。第2の解とは，課題とは関係なく誰かが生み出したものである。組織の中で行われた活動の結果，蓄積されているものであり，課題とは別に存在している。第3に，参加者は，選択の場に参加する人である。参加者は，解を持ち運ぶ，キャリアの役割を果たしたり，課題や解についての

関心を向けたりする。そして，第 4 に，選択の機会である。コーヘンほか（Cohen, March & Olsen, 1972）は，取締役会などで公式の機会を想定している部分があるが，参加者が課題と解の存在に気付く場面ととらえたほうがよさそうである。コーヘンほか（Cohen, March & Olsen, 1972; March & Olsen, 1976）の考え方を援用してある組織で起こるイノベーションを考えると，課題を抱える人と解をもっている人とが，組織の中でうまく出会い，課題と解の結びつきを認識することで，その結びつきが価値のあるイノベーションとして認識されていくと考えられる。

　地方の職場を考える場合，そこが，課題と解を結びつける場になっているかが価値あるイノベーションを生み出す上で重要である。地方の職場という場への参加者として，イノベーションの発生と展開を人に置き換えて示してみると次のような登場人物が考えられる。

・何らかの課題に気付いている人
・何らかの解決策を持っている人
・課題と解決策を結びつける人
・結びつけられた課題と解をイノベーションとして認知させる人

　第 1 に，何らかの課題について気付いている人とはどんな人であろうか。気づきを得るという状況を考えると，ホール（1976）は，異文化間コミュニケーションの議論において，自身の文化を知るためには，他の文化との比較が重要であることを明らかにした。ある文化の中にいる限りは，自分のやっていることが変なのかどうかがわからない。つまり，自分のやっていることが当たり前で，だれもがやっていることと考えがちである。しかし，実際は，私だけの特別な行いだったという場合がある。このことから判るように，何らかの課題への気づきは，これまでの文化や慣習に染まっていない人から気づきが生まれる可能性が高いといえる。

　第 2 に，何らかの解決策を持っている人はどんな人であろうか。実際に，課題に気づき解決策を探している人は解答を持っていないことは確かである。これは誰が持っているか，実のところはっきりしない。地域の企業を中心に考え

て，企業内の解決策を持っている人がいれば，課題と結びつきやすい。しかし，それは他の企業の人だったり，新入社員だったり，連携している大学の研究室の人だったりする。問題は，解決策を持っている人は自分が解決策を持っていることに気づいていない。

　第3の課題と解決策を結びつける人はどんな人だろうか。社会的に価値のある課題と解とを見つけ結びつけていく人である。課題と解の仲介者といった役割である。地方の職場を考えたとき，課題を抱える人と解決策を持つ人を取り持つ役割を，地方の職場が果すことで，そこがイノベーションの発生源になることと考えられる。地方の職場の役割として期待される機能といえる。

　そして，第4に生み出された結びつきをイノベーションとして認識させる人である。起こった課題と解の結びつきは，必ずしもイノベーションとして認識されない。その結びつきに多くの人が価値を見出さなければ，イノベーションになりえないといえる。課題と解の結びつきが起こったとしても，この結びつきが価値あるものとして認識されるプロセスが必要であるといえる[6]。地方の職場に属する人が，この結びつきを営業し，販売し，価値あるものとすることで，この結びつきがイノベーションとして認識される役割を果たすといえる。

　以上を整理すると，地方の職場という場が，4つの役割を果たす必要がある。課題の認識と解の保有という部分については多様性が要求される部分である。一方，課題と解の結合は地方の職場が場として果たすべき部分であり，結合結果の普及といった活動は，その企業が営業活動としてしなければならない部分である。職場の多様性はイノベーションの確率を高めるものと考えられている[7]。多様性の増加は，選択肢の拡大を意味するために，様々な結合を生み出すための基礎要素といえる。踏み込んでいえば，地方の職場は，イノベーションを発生させるためには，多様性を維持することで，課題の認識や解の保有の確率を高めていくことが求められているといえる。地方の職場には多様性を保持するためのプラットフォームとしての役割があるといえる。

　それでは，地方の職場が多様性を保有するプラットフォームとして機能するためにどのような人材を必要としているのだろうか。

4　多様性を形作る若者・バカ者・よそ者

　真壁（2012）は，日本企業がグローバル競争の中で付加価値の高い製品を作っていくことを訴える文脈の中で，既成の価値観を一度壊し，その上で新しいスタンダードを設定する取り組みが必要であると述べ，そこには変革を実践する人が必要であると述べている。本章で議論してきたイノベーションを実践する人とオーバーラップする部分である。真壁（2012）は，イノベーションを実践する人の属性，つまり，本章で議論した多様性を形作る人材の特性を「若者」，「バカ者」，「よそ者」という 3 つのタイプに整理している。真壁（2012, p.65）は次のように述べている。

　　そこで必要になる人材は，今までの価値観にとらわれすぎたり，新しい発想ができない人であってはならない。いままでの発想を変えて，新しいものにチャレンジする人が必要になる。それができるのは，いままでの経験則にとらわれずに生きていける "若者" であったり，古い価値観から解放された "バカ者" であったり，さらには今までの社会とほとんど接点を持っていない "よそ者" なのである。

要するに，既成の価値観に染まった人たちは社会の多様性を減少させる，その一方で既成の価値観に染まっていない人材を社会における多様性を保持するための人材と考えられる[8]。以下では，真壁（2012）が主張する 3 つの人材のタイプ，若者，バカ者，そして，よそ者を説明し，地方の職場との関係を整理する。

　第 1 に若者である。真壁（2012）では，若者に求める特性として，これまでの価値観にとらわれることなく，リスクをとって行動する特性を指摘している[9]。真壁（2012）の議論は，リスクをとって行動するという特性から，若者のアントレプレナー（起業家）に注目して議論している。若者は，新しい価値観に沿ってリスクのある活動にチャレンジする特性を持つ人材ととらえられている。

　第 2 にバカ者である。真壁（2012, p.123）は，バカ者を次のように定義している。

　社会の常識や慣習，みんなが当たり前と思って信じて疑わないことを本当に正しいのか，冷静に吟味してみる必要性は高いということだ。ある時は常識を覆し，自分の信念に従って思いっきり行動する。それがここでいうバカ者の定義だ。

　要するに，社会の常識にとらわれない視点を持ち，自身の考えを信じて行動できる人材の特性を表しているといえる。社会の常識からはみ出すことで，「バカな奴」という評価を一般的に受けるが，その社会の常識を疑う視点がイノベーションと関連することになる。
　そして，第3によそ者である。真壁（2012，p.168）はよそ者の効果を次のように述べている。

　　停滞している業界で異業種から登用された人物（よそ者）が活路を開くことができるのも，組織の事情からある程度離れて，新鮮な眼で遠慮せずに物事を見ることが期待できるからだ。このようなクリティカル・シンキングの効果は，何ら疑問を抱いてこなかった現状に風穴を開けるという点で，イノベーションによる創造的破壊の破壊の側面に当てはまるものだろう。

　この記述から判るように，よそ者の特性として，既成の価値観を批判的に検討することを通じて，新しい観点をもたらすことが示されている。真壁（2012）はよそ者の破壊的側面だけでは成功を導くことになはならず，創造的な部分につながる建設的なアイディアが同時に存在しないといけないことが述べられている。
　以上のように，若者，バカ者，よそ者についてはまとめることができるが，これらの人材の受け皿に，地方の職場がなり，イノベーションの場になれるかどうかということが重要である。イノベーションという視点で見た場合，若者，バカ者，よそ者という人材に求められる点は，これらの人材が既存の価値観に染まっておらず，既存の事業に新しい視点をもたらしてくれるという点であり，そのことが課題の認識につながるということである。加えて，これまでの人材にはない，課題の解を所有していたり，解を所有している人との新たなつなが

りをもたらすことである。若者，バカ者，よそ者というタイプわけがなされているが，その本質は思いがけない課題に気づき，その課題の解決を作り出す人材である。若者，バカ者，よそ者の区分はそれほど重要でない。若者，バカ者，よそ者に加えて，女性，外国人，高齢者，チャレンジド（障がい者）も新たな課題の解をもたらす多様性を形成する人材といえる[10]。これらは，既成の価値観（その場で主流となる考え方）にとらわれることなく，新たな発想や観点をもたらす既成の価値観とは異なった価値観を持つ人材といえる。本質的には，上述のどのようなタイプの人材であっても，既成の価値観とは違う価値観を持っている人であることが重要である。地域の職場が，これらの既存の価値観にとらわれていない人材の受け皿になることができれば，イノベーションの場になる可能性が高まるといえる。

5　付加価値獲得の場としての地方の職場

　地方の職場が，既成の価値観にとらわれない多様な人材を雇用できることが，イノベーションの場となる条件であることがわかる。若者の雇用の部分では，地方の職場と大学との関係が重要になる部分である。上述したように，単に課題と解が結びついたからと言って，それがイノベーションとは言えない。その課題と解の結びつきが誰かの価値になって初めて意味があり，本章で定義したイノベーションの本質部分である。

　ある課題と解が誰かの価値になる状態とはどのようなことなのであろうか。延岡・伊藤・森田（2006）では，本章で議論した誰かの価値となる点を付加価値の獲得として，価値創造と価値獲得の 2 つの次元で説明している。彼らによると，価値創造は，技術商品価値の創造と価値創造プロセスに分けられる。技術商品価値の創造は，技術や商品の機能が優れている場合や商品やサービスが顧客ニーズに合致している場合，価値が高まると考えている。一方，価値創造プロセスは，優れた技術・商品をアイディアの段階から商品として顧客に届けるまでのオペレーション全体に関する組織プロセスと述べている。いくら優れ

た商品でも，生産の効率が悪かったり，品質が悪い場合，付加価値を生むことができない。以上のような価値創造ができたとしても，価値獲得ができなければ，付加価値を上げることができない。そこでは，差別化を行い，他者との独自性を認めてもらうことで付加価値を高く維持することが必要になる。本章の議論では，課題と解が結びつくところが，ここでいう価値創造であり，その結びつきを認識してもらうことが価値獲得の部分になる。この価値創造と価値獲得の2つがそろって，イノベーションとなる。地方の職場の努力として，創造された価値を価値のあるものとして認識させる活動を通じて価値獲得を実現させることが地方の職場，つまり地方企業の役割であるといえる。

6　プラットフォームとして地方の職場への期待

　イノベーションが地方の職場で起こるためには，地方の職場が多様性を許容することが必要である。多様性の許容は，既成の価値観に縛られた人に対して，既成の価値観に縛られない人を地方の職場が内包できるかという問題である。地方の職場が多様性を許容することができれば，イノベーションが発生する確率が高まると考えられる。地方の職場に多様性をもたらす人材のタイプとして，若者があった。若者は既成の価値観にとらわれずに行動できる可能性を秘めているからである。ここには1つの矛盾がある。若者の雇用ができないので，イノベーションの場となって若者を惹きつけようという考えである。しかし，イノベーションを起すアイディアを供給する人材のタイプの1つが若者であるということである。新しいアイディアを供給する若者なしに，イノベーションを起し，若者を惹きつけようという論理的にトートロジカルな考えであるといえる。ここは，地方の職場が最初に乗り越えないといけない壁がスタート時点にあり，多くの企業が最初の壁をクリアできない状況であるといえる。このトートロジカルな問題を，バカ者・よそ者といったほかの人材タイプを活用することで，乗り越えることで，地方の職場がイノベーションにプラットフォームとして機能していくことになることを期待していくしかない。

　また，イノベーションを付加価値の獲得までのプロセスと考えた。その結果，この章では，地方の職場が創造された価値を獲得するプロセスまで，地方の職場に期待することになる。創造された価値が他とは違う特別なものであることを，多くの人に認識させるプロセスは大きなハードルといえる。この部分はイノベーションがなるかならないかを決めるプロセスであり，ここがうまくいかないとイノベーティブな企業とはなりえない。

　以上のように，地域の職場には，多様性を内包することと，価値創造だけでなく価値獲得の機能を持つことが今後ますます期待されるようになるといえる。

［注］

1）兵庫県の 2016 年の数字を見ると，20 歳代の人口が約 5700 人減少した。兵庫県内に所在する 37 大学と連携して，兵庫県から県内企業の情報提供を始めている（https://web.pref.hyogo.lg.jp/governor/201703.html：最終アクセス日 2019 年 8 月 31 日）。

2）神戸三宮から東京渋谷へ本社を移転することが発表された（『日本経済新聞（web 版）』2019 年 5 月 27 日）。

3）松ヶ枝優佳氏が 2019 年に執筆した「イノベーションの意味，説明できますか？：原点に立ち返りシュンペーターのイノベーションを学ぼう」（https://jbpress.ismedia.jp/articles/-/55184：最終アクセス日 2019 年 8 月 30 日）から引用している。これらの用語については，松ヶ枝（2019）の用語に従っている。

4）1953 年に石油の国有化を進めるイランと英国が係争する中，出光がペルシャ湾にタンカー（日章丸）を派遣し，イランとの直接の取引を実現した。日章丸事件とされ，その後アングロイラニアンオイルとの裁判となるなどした。日本における原油の調達法の先駆けとなった。

5）Cohen, March & Olsen（1972）の研究は，あいまいな状況下での意思決定を扱う研究であり，遠田（1985）は詳細な解説を行っている。この研究は，意思決定の研究であって，直接イノベーションの発生を研究しているわけではない。ただ組織の中でのイノベーションを考える際に，問題を抱えている人と，解決策を持っている人が別であるという状況の中では，理論的な基盤となる考え方であると考えている。

6）延岡・伊藤・森田（2006）では，イノベーションには，価値創造と価値獲得の 2 つについて考える必要があることが示されている。ここでは価値創造のプロセス部分として価値があるという認識を獲得することが必要であり，その中では，価値獲得，つまり，企業の売上等につながるプロセスがオーバーラップすることの必要性を示している。

7）イノベーションと多様性の関係は，近年，ダイバーシティ経営とされている。経済産業省（2015）は，ダイバーシティ経営を「多様な人材を活かし，その能力が最大限発揮できる機会を提供することで，イノベーションを生み出し，価値創造につなげている経営としている。要するに，多様性がイノベーションにつながると考えられている。経済産業省は，経済産業省では，2012年より，ダイバーシティ経営に取り組む企業のすそ野拡大を目的に，多様な人材の能力を活かし，価値創造につなげている企業を表彰する「ダイバーシティ経営企業100選として経済産業大臣表彰を実施している。2015年からは「新・ダイバーシティ経営企業100選として実施されている（https://www.meti.go.jp/policy/economy/jinzai/diversity/kigyo100sen/outline/index.html：最終アクセス2019年8月31日）。

8）『月刊　事業構想』（2016年10月号）の編集部が寄稿した「地方創生の検証と対策「よそ者，若者，ばか者」論は正しいか？　地方創生と人材育成」（https://www.projectdesign.jp/201610/project-nippon/003190.php：最終アクセス日2019年8月31日）の中で，「これまでの事例取材を通じて，編集部内で意見が一致したのは，従来，地域活性化の成功法則として言われてきた「よそ者，若者，ばか者」論は，すでに当てはまらないケースが続出しているということだ」という内容が議論されている。ここで問題にされている点は，地域内の人材によって，「よそ者，若者，ばか者」論で議論されてきたイノベーションに必要とされる人材はまかなえているという議論である。本章の議論は，地域における多様性を表現するための人材特性を表したものである。そのために，よそ者的な人が，その地域の出身者であっても，その地域の価値観から離脱し，新しい価値観を基準に行動できるのであればよいと考えている。実際に若者，ばか者，よそ者であるかどうかということよりも，この3つの言葉で表現されている地域の多様性を担保するための機能が果たせるかどうかが重要であると考えている。

9）真壁（2012）では，若者の安全志向に警笛を鳴らしている。

10）上述の経済産業省（2015）は，人の多様性を後者の表現を含むものとしている。

《参考文献》
・芦塚格（2016）「長期実践型インターンシップが中小企業経営に与える効果にかんする探索的検討」『商経学叢』63（1），pp.95-115.
・古閑博美・牛山佳菜代（2012）「中小企業における，就職に結びつける回路としてのイン

ターンシップ」『インターンシップ研究年報』15，pp.31-35.

・古閑博美・牛山佳菜代・高橋 保雄・池之上美奈緒（2016）「中小企業におけるインターンシップの現状と課題：採用定着に資するインターンシッププログラムの構築に向けて」『嘉悦大学研究論集』58（2），pp.37-51.

・延岡健太郎・伊藤宗彦・森田弘一（2006）「コモディティ化による価値獲得の失敗」*RIETI Discussion Paper Series* 06-J-017

・平尾元彦・田中久美子（2017）「大学生の就職活動とインターンシップ：多様化の時代の計測課題を追って」『大学教育』14，pp.24-36.

・真壁昭夫（2012）『若者，バカ者，よそ者』PHP 研究所

・Cohen, M. D., J. G. March, and J. P. Olsen（1972）"A Garbage Can Model of Organizational Choice." *Administrative Science Quarterly*, 17, pp.1-25.

・Hall, E. T.（1976）*Beyond Culture*, Anchor（岩田慶治・谷泰訳『文化を超えて』1979，TBS ブリタニカ）

・March, J. G. and J. P. Olsen（1976）*Ambiguity and choice in organizations*, Universitetsforlaget（遠田雄志・A. ユング抄訳『組織におけるあいまいさと決定』）1986，有斐閣）

・Schumpeter, J. A.（1912）*Theorie der wirtschaftlichen Entwicklung*,（塩野谷祐一，中山伊知郎，東畑精一訳『経済発展の理論（上）（下）』1977, 岩波文庫）

第2章

地域でつくる キャリアの新しいカタチ

市村 陽亮
宮崎公立大学人文学部

鈴木 竜太
神戸大学大学院経営学研究科

地方創生や地域経済の活性についての取り組みが活発になるにつれ，地域社会に関わりながらキャリアを構築するローカルキャリアに対し，注目が集まりつつある。本章では，ローカルキャリアの類型を示した後，もっとも特徴的な類型のインタビューを通じて，キャリアサクセスの構造について分析した。その結果，自らの責任のもとに自らが望むキャリアの構築を目指すローカル・ニューキャリアでは，ワーク（仕事生活における成功）とライフ（日常生活における円満さ）の接近/離反という新たな視点がキャリアサクセスを実現する大きな手助けとして期待されることが示された。

キーワード

ローカル・ニューキャリア　キャリアサクセス
仕事生活における成功　日常生活における円満さ

1　はじめに

　地方創生や地域経済の活性についての取り組みが活発になるにつれ，都市部ではなく地域でキャリアを構築することに対し，注目が集まりつつある。例えば，近年になってローカルキャリア白書が刊行され，そのなかでローカルキャリアを「地域社会に関わりながら働くこと」（石井, 2019, p.4）と定義し，その意義やあり方についての議論が始まっている。しかし，まだ議論は端緒が開かれたに過ぎず，学術的に整理された議論がなされているとは言い難い。

　本章では，まず多様にあるローカルキャリアを類型的に整理し，既存のキャリア論の中に布置することから始める。そして，ローカルキャリアにおいてもっとも特徴的である類型を取り上げ，インタビューを通じて，ローカルキャリアにおける成功の構造の一端を明らかにする。

2　ローカルキャリアの整理

　既に述べたように，ローカルキャリアは学術的に規定された概念ではない。ローカルキャリア白書によれば，ローカルキャリアとは広義には「地域社会に関わりながら働くこと」（石井, 2019, p.4）であり，必ずしも地域社会に居住していることや地域社会で働いていることを意味しない，とされる。この広範囲をカバーする定義によってローカルキャリアを包括的に捉えることが可能となっている反面，一口にローカルキャリアと称してもその内実には大きな差異があると言えるだろう。例えば，地方公務員や地域の中堅中小企業で働く個人，自営業の個人，地方創生のために移住してくる個人，国家公務員のように都市部に在住しながら地方の発展に寄与する個人など，それらすべてがローカルキャリアに含まれることになる。そのどれもが定義の上ではローカルキャリアであるが，それらを同質のものと扱うことができるだろうか。同じような志向

を持ち，同じようなキャリア上の成功を望み，得ていると考えられるだろうか。恐らく，そうではない。そのために多様に存在するローカルキャリアを理解するためには，どのように整理し捉えることができるかを考える必要がある。本章では，キャリアの志向のひとつであるニューキャリアとそれに対応するオールドキャリアの枠組みを用いながらまずは考えていくことにしたい。

　キャリアの志向については，個人によって千差万別ではあるが，キャリア論においていくつかの類型が提示されている。そのうちで，もっとも代表的な類型のひとつが，オールドキャリア／ニューキャリアである。

　現代は，ニューキャリアの時代だと言われている（例えば Arthur, Inkson & Pringle（1999）など）。ニューキャリアの時代とは，個人が主導し自らの責任のもとに自らが望むキャリアを築く時代を指し，組織（企業）が主導し組織の提示するキャリアを歩む時代（オールドキャリアの時代）と対比される。次の表1は代表的なニューキャリアのひとつであるバウンダリーレスキャリアとオールドキャリア（バウンデッドキャリア）におけるパラダイムを比較したものである。

表1　バウンダリーレスキャリアとバウンデッドキャリアのプロフィール

伝統的なキャリアパラダイム(バウンデッドキャリア)	バウンダリーレスキャリアパラダイム
規範的：単一の外的な視点から規定される良いキャリア	主観的：行為者自身による解釈や愛着によって，キャリアの価値や重み付けが決まる
タスク志向：小さな仕事に分化したより大きな仕事と，その結果，高度に専門家化したキャリアの増加	結果志向：正しい成果を得るために必要なあらゆるコンピテンシーを利用し，かつ，ジェネラリストとスペシャリストの役割がよく混ぜっている
ユニバーサルなキャリア・コンピテンシー：キャリア形成のために，熟達した狭い専門分野のコンピテンシーが求められる	文脈的なキャリア・コンピテンシー：変化する状況に応じて，多様なコンピテンシーが必要となる
垂直的な昇進：地位，権力，責任の階層をどれだけ早く登るかによって発達が図られる	多様な方向の成長：階層的な移動に関わらず，内的な報酬が得られるキャリアを形成する
組織のミッションと個人のミッションの分離：小規模の起業家を除き，専門としての，労働者としての生活と私的な，家族の生活は分離される	組織のミッションと個人のミッションの統合：大企業における自律的な個人の増大によって，従業員は，事業主のように振る舞うことができるようになり，個人と組織のミッションの統合が推進される

出典：Defilippi & Arthur（1994; 1996）を元に筆者作成

　このように，オールドキャリアとニューキャリアのどちらのパラダイムでキ

ャリアを形成しているのかによって，その志向性は大きく異なると言える。なお，現代はニューキャリアの時代と言われているが，オールドキャリアは現在も存在しており，オールドキャリアとニューキャリアの両方のパラダイムが並存している状態である（Clarke, 2013）。

　もうひとつ，本章において，ローカルキャリアを捉える軸として想定したものが居住地である。つまり，居住地が地域（ローカル）にあるのか都市部（アーバン）にあるのか，という違いに着目した。居住地の違いは，単に住んでいる場所が異なるという表層的な違いを意味しない。ローカルに住んでおり，そこに根ざした生活基盤がある場合，ローカルの衰退は自らの生活の衰退にも繋がる問題である。アーバンに住みながらローカルに関わる場合は，そのようなことは少ないだろう。居住地の違いを考慮することで，例えば地方公務員と国家公務員のキャリアを弁別して考えることができ，地方にある企業にて働いている個人と都市部にある企業で働きながら地域に関わった仕事をしている個人を整理して把握することが可能になるだろう。

　ローカルキャリアは「地域社会に関わりながら働くこと」（石井, 2019, p.4）と捉えることができるが，その多様なあり方を，オールドキャリア／ニューキャリア，及び居住地のローカル／アーバンによって類型化すると，次の表2の

表2　ローカルキャリアの類型

キャリアパラダイム

		オールドキャリア	ニューキャリア
居住地	アーバン	地域に関わる企業や組織において築かれるキャリア Ex）企業人，国家公務員	企業などの枠に囚われずに地域と関わるキャリア Ex）フリーランスなど
	ローカル	地域に存在する企業や組織において築かれるキャリア Ex）地方公務員	地域に移住して個人で築かれるキャリア Ex）地域おこし協力隊や移住者など

出典：筆者が独自に作成

ように整理することができるだろう。

　表2において類型化されているものは，いずれもローカルキャリアである。つまり，なんらかの形で「地域と関わっている」ことは前提となっている。そのうえで，キャリアパラダイムと居住地による違いから類型化したものであることを注意して頂きたい。

　本章で中心に論じる対象は右下に位置するローカル・ニューキャリア[1]の象限である。なぜなら，その象限こそが，注目されつつあるキャリア形成のひとつだからである。他の象限について言えば，従来からあったキャリア形成のひとつであると言える。オールドキャリアのふたつの象限は当然ながら，アーバン・ニューキャリアの象限は基本的にはニューキャリアにおいて蓄積されてきた知見が該当すると考えられるだろう。しかし，ローカル・ニューキャリアは近年になって盛り上がりを見せているものであり[2]，キャリア論において十分に知見が蓄積されていないのである。

　地域へと移住した個人のキャリア形成とはどのようなものなのか，その実態を明らかにし，そして従来のキャリア論との異同を分析することで，新たな知見を得ることが期待できるだろう。また，地域へと移住しながらも適応することができずに断念し，都市部へと戻るという問題も起きていることから，こうした問題を解決する一歩としたい。

3　本章の論点と調査設計

　本章は，ローカルキャリアにおけるキャリア上の成功とはどのようなものか，という問いに答えることを目的としている。キャリア上の成功を表す，もっとも代表的な概念はキャリアサクセスである。キャリアサクセス（career success）とは，「生涯にわたる仕事経験においてさまざまな時点で仕事に関連した望ましい成果を獲得すること」と定義される（例えば，Arthur, Khapova, & Wilderom（2005）他）。この定義には，成功のふたつの意味が込められており，ひとつは「個人の欲求に沿ったモノの獲得」であり，もうひとつは「な

にか試みたことが素晴らしく達成された（という感覚）」である。前者は給与や昇進といった客観的で目に見ることができる客観的キャリアサクセスであり，後者はキャリアに対する満足感や成功感といった主観的で目に見ることができない主観的キャリアサクセスとされる[2]。キャリアに関する諸研究のなかでも早くから注目されており，1970年代からマネジメントや応用心理学において中心的な研究テーマとなってきた（Feldman & Ng, 2007; Sullivan & Baruch, 2009）。

　オールドキャリアとニューキャリアについては，これまでキャリアサクセスの議論がなされてきた。オールドキャリアにおけるキャリアサクセスとは，組織内や社会的な地位の上昇，収入の増加，より強い影響力の獲得などに代表される，一義的に規定されるものであった。その後，自らのキャリアを自らで形成する，働く意味，意義，理由を自身によって見出さねばならないニューキャリアの時代となると，キャリアの成功は，客観的というよりも主観的であり，一義的というより多様となった（鈴木, 2014）。物質的な豊かさや，組織内や社会的な地位の上昇は，いまでもキャリアの成功のひとつではあるが，絶対的な成功を意味しなくなったと言える。

　本章で着目しているローカル・ニューキャリアは，ニューキャリアのひとつであると考えられるが，そこにおけるキャリアサクセスは，ニューキャリアにおけるキャリアサクセスと同様に捉えることができるのだろうか。その異同が，本章における中心的な論点となるだろう。

　上記について探索的に明らかにしていくために，ローカルへと移住してきた個人として地域おこし協力隊の隊員を取り上げ，それぞれについての語りを半構造化インタビューによって収集した。

　地域おこし協力隊に着目した理由は，地域おこし協力隊の隊員が都市部から地域への移住者だからであり，また特定の企業や団体に根付くことを必ずしも意図していない可能性が高いからである。地域おこし協力隊とは，各地方公共団体が実施主体となって，都市から地方へと住民票を移動し，生活の拠点を移したものを「地域おこし協力隊員」として委託し，地域に居住して地域ブランドや地場産品の開発・販売・PRなどに従事する国による制度である。ポイントとなるのは隊員ひとりにつき上限400万円の特別交付税が取り組む自治体に

交付されることにあり，その交付金は隊員への給与などに充てられる。着任した隊員は，基本的に自治体が委託する業務に従事しながら業務委託費として給与を得ることになる。ただし，どのような内容が委託されるかは自治体によって自由であり，また委託されたこと以外の仕事を自ら作っていくことも多い。この制度の利用数は 2018 年度で 5,359 名となっており 2020 年度までの目標としていた 4,000 名を大きく上回り，さらなる増加が見込まれている。地域おこし協力隊では任期の定めがあり，また，特定の企業や団体への就職という形ではない移住であることから，本章で着目しているローカル・ニューキャリアの象限に当てはまると判断した。

　また，半構造化インタビューを用いた理由は，本章では特定の仮説を持たず，ローカル・ニューキャリアにおけるキャリアサクセスの構造を探索的に明らかにすることを目的としているためである。

4 地域でつくるキャリア
—地域おこし協力隊の事例に基づく分析

　インタビュイーとして，宮崎県 X 村の隊員 3 名と宮崎県 Y 町の隊員 6 名の協力を得ることができた。女性が 3 名，男性が 6 名であり，20 代が 4 名，30 代が 5 名であった。隊員として赴任してから 1 年未満のものが 5 名，1 年以上のものが 3 名であった。

　インタビューでは，仕事生活に入ってから今までのキャリアをすべて語ってもらった。地域おこし協力隊制度を利用しようと考えた背景，実際にローカルキャリアへと踏み出すプロセス，ローカルに来てからの活動やそこで感じていること，アーバンとの違いなどについての質問を投げかけアーバン／ローカルという文脈とキャリアについての語りに焦点を当てたうえで，インタビュイーの自由な語りを引き出すように心がけた。

　インタビューを通して，ローカル・ニューキャリアにおけるキャリアサクセスが一様ではないことが示唆された。以下では，まずインタビューをした地域おこし協力隊制度を利用している X 村と Y 町および各隊員の概要を示し，その

うえで，キャリアサクセスの違いについて記述する。最後に，その違いと地域の有する特徴との関係について論じた。

■ 調査対象の概要

　X村は人口 2,500 人程度であり山間部に位置している。宮崎市の中心部からは自動車以外の交通手段はなく，村に辿り着くまで数時間を要する。山間部のため大規模な農業などはないが自然の雄大な姿を楽しむことができる。X村では積極的に地域おこし協力隊を募集しており，村の web サイトには募集要項や採用要件が事細かに記されている。現在，地域おこし協力隊は 10 名いる。一方，Y町は，人口１万５千人ほどであり平野部に位置している。宮崎市の中心部からは鉄道と自動車によってアクセス可能であり，車で１時間程度の距離である。平野部にあることから農業や酪農が盛んであり，また海も近い。Y町はX村に比べると都市的であると言えるだろう。地域おこし協力隊の募集については，Y町に存在する一般財団法人Pが入り口となっている。財団Pは，Y町の観光課がベースとなって設立された団体であり，地域振興を目的として様々な取り組みを行い，地域経済の活性化に寄与するとともに，地域振興の成功事例のひとつとして全国的に注目を集めている。財団Pの取り組みに参加した個人が，それをきっかけとしてY町の地域おこし協力隊となるケースが多い。

　今回，インタビューを行ったのはX村の３名とY町の６名である。X村の３名は着任当初にどのような仕事をするかを村役場と合意しており，基本的にそれに即した業務を日々行っている。ただし，その担当のことのみではなく，村の観光振興に関わる事業や村の行事（消防団の活動やその他の催事など）の運営などにも携わっている。一方，Y町の６名は，主に財団Pにて，自身が興そうとしている事業の企画や準備を中心に，財団Pの活動の補助，町の観光に関わる事業や町の催事の運営支援などに関わっている。Y町の隊員の多くは，自分がやりたいことがあり，それを実現するためにY町に着任しているため，そのための活動が主になっている。それぞれの活動の詳細については，必要に応じて記述する。ここでは，以下の表３にて，各隊員の簡単なプロフィールを記載しておく。

表3　各隊員のプロフィール

地域	隊員	性差	年齢帯	着任年	仕事内容
X村	A	女性	30-39	2017	システムエンジニアの経験を活かしたIT活用推進など
	B	男性	20-29	2018	農業の実践と促進、村内のイベント企画など
	C	男性	20-29	2019	村に開設予定の図書館の企画、司書（予定）
Y町	D	男性	30-39	2019	財団Pのメンバーマネジメント、産学連携推進など
	E	女性	30-39	2019	財団Pの組織運営サポート
	F	女性	20-29	2019	子ども食堂の運営サポートやハーブの栽培とその活用法の企画
	G	男性	30-39	2019	宮崎県産の食材を用いた新製品の企画と販売
	H	男性	20-29	2019	Y町の農産物を利用した加工製品の企画と販売
	I	男性	20-29	2019	空き店舗を利用した新たな飲食店の開業準備

出典：筆者が独自に作成

■ ローカル・ニューのキャリアサクセス

　今回の調査のなかで，ひとつめの発見は，X村とY町においてキャリアサクセスのあり様に違いがあったことである。それがどの様な違いなのか，それぞれの成功について確認しながら明らかにしよう。

　X村のA氏は，隊員として着任するまえは東京などでシステムエンジニア（以後，SEとする）として働き，その経験を活かして村の情報システムに関する業務などに携わっている。例えば，村のテレワーク事業の推進の担当や観光振興，村の特産品のPRなどを村からの委託を受けて請け負っている。また，そうした委託として行なっていること以外にも，A氏によって自主的に開催されている村民を対象としたパソコン教室や，スマートフォンやPCに関するトラブルシューティングなども行なっている。村から委託された業務以外にも，村民と関わるなかで新たな仕事を見出し，自身にできること，自身が役に立つことにも積極的に携わっている。A氏は現在，着任して3年目であり，間もなく隊員としての任期が満了する。それを踏まえて，A氏は，村において起業することを決意し起業準備を行なっている（インタビュー時点）。つまり，A氏にとって，起業および起業した事業の成功がキャリアサクセスのひとつであると言える。A氏のキャリアサクセスを正確に把握するためには，更なる分析が必要であるが，詳細は以降に譲る。いずれにせよ，起業や事業の成功は，A氏にとってのキャリアサクセスのひとつである。

　もうひとりX村から事例を紹介しよう。B氏は大学在学時から農業への関心が高く，岩手などの農家において修行を重ね，農家（特に百姓）として生きて

いくことを実現するためにX村に着任した。X村では百姓として自立する準備を進める傍ら，村でのイベント運営やPR活動も行なっている。B氏は，明確に百姓として生きていきたいという目標を持っており，その実現がB氏にとってのキャリアサクセスであると言えるだろう。

　次に，Y町におけるキャリアサクセスについて見ていこう。6名分の語りをすべて掲載することは紙幅の都合で難しいが代表的な2名の語りからY町の隊員におけるキャリアサクセスの傾向を記述する。

　Y町ではX村と異なり，自治体から具体的な業務を指定され委託を受けているわけではない。基本的にY町における町役場の仕事の補助を行う以外に，地域振興に関わることを自発的に取り組んでいくことが求められている。D氏は，隊員全体のまとめ役としての仕事をしつつ，財団Pにおける教育機関との連携や新規事業の企画，推進などに日々取り組んでいる。前職においても，主に公的機関を対象として地域振興に関わるコンサルティングを行なっていたが，自分自身がアクションを起こし実際に地域を変えることに取り組みたいとの想いで，Y町へ着任した。D氏は，財団Pが推進する「強い地域経済を作る」と言うことを通じて，普通は無理だと思われることを実現したいと考えている。D氏にとってのキャリアサクセスとは，強い地域経済の実現である，と言えるかもしれない。

　E氏は，これまでいくつかの企業を経験しながら組織開発やコミュニケーション活性化への造詣を深めてきた。その経験を活かし財団Pを改善していくことが期待されている。そして，そうした活動を通じて，まちづくりにおいて人に投資することの効果を示す実績を作りたい，という実現したい想いがある。これがE氏のキャリアサクセスであると言えるだろう。

　さて，ここまでX村のふたりとY町のふたりのキャリアサクセスを概観し，どのように感じられるだろうか。おそらく，四者四様であるが，共通性を感じるのではないだろうか。それはひとつに，四者ともに自分なりに「こうしたい」というものを持ち，その実現を目指していると考えられるからであろう。こうした特徴は先に見てきたように，ニューキャリアにおけるキャリアサクセスにおける特徴であると言えるだろう。組織内での地位上昇や所得の上昇といった一義的なものではなく，自分自身でキャリアの成功を多様に規定し，その実現

を目指していると言える。ローカル・ニューキャリアという同一カテゴリーにあって，こうした共通性を持ちつつも，X村のふたりとY町のふたりにおいては，違いが存在する。それは，それぞれのキャリアサクセスについての語りをつぶさに見ていくことで明らかとなる。

　X村のA氏は，確かに起業を目指しており，その事業がうまくいくことはA氏にとってキャリア上のひとつの成功である。しかし，このキャリアサクセスを正確に理解するためには，なぜ起業を志すのか，なぜ事業を軌道に乗せていきたいと考えているのか，ということを踏まえる必要がある。A氏は次のように語っている。

　　私だから助けられていることがあるって言うことが嬉しい。役に立てられることが嬉しいって言うか 。－（中略）－ 技術とか私が持っているコミュニティで，地域を盛り上げられるんだったらとか，そういう発想でいろんなことをやっているって感じですね。

A氏はX村を訪れ，村民と触れ合うなかで将来，歳をとっていったさきに，「役割をちゃんと持っている高齢者になりたい」と考えるようになったとも語っている。暇で散歩するしかない，ひとに話しかけられるのを待っている高齢者ではなく，高齢者であっても自分なりの役割を持ち，それをしっかりと担うことができている存在でありたいという想いがある。そのひとつの理想的な姿を，X村のひとに見出したのである。つまり，起業や事業が成功することというキャリアサクセスは，「役割がある」というキャリアサクセスのあり方のひとつに過ぎない。A氏にとって重要なことは，X村において自分なりの「役割がある」ということなのである。

　さらに言えば，A氏の言う「役割がある」ということは，自らが日ごろから生活し生きているなかで「役割がある」という点にポイントがある。X村にくるまえにも，役割があって感謝されることもあったと思うが，それと村で役割を持つ，役に立つということがどのように違うのかと問うとA氏は次のように答えた。

　　向こうにいる時って，あの仕事終わったら会わないというか，その前後の

　繋がりがないというか。−（中略）−　いま，いまこの瞬間を生きているっ
ていう感覚の方が強かったんですけども。ここにいると，そうはいかなく
て。ずっとずっと，これまでもこれからも知り合いっていうプレッシャー
というか。だからこそ，丁寧に仕事をしたいし，繋がっていたい，この人
とずっと仲良くしていたいっていう，感覚的に違いますよね。嫌いになれ
ば，スパッと切っちゃえばいいやっていう感覚がないというか。そんなこ
とできないからですね。

　X村における日常の関係性のなかで「役割がある」とか「価値が認められる」
ということが重要なのである。そのため，A氏のキャリアサクセスは，起業そ
のものや事業運営がうまくいっていることだけで把握されるものではなく，そ
れらが日常における関係性のなかで意味ある，価値あると考えられることが大
切となる。
　日常における関係性と結びついてキャリアサクセスが描かれるということは
B氏においても類似している。B氏における百姓として生きていく，というキ
ャリアサクセスは単に自身が行う農業がうまくいっているということだけを指
すものではない。「田植えを手伝いに呼ばれて夜に飲み会したりとか，逆にこ
っちがなんかやるときに皆さんの力添えをお願いしたりとか」（B氏）といった，
地域の住民と普段から関わりながら形成されるものとして「百姓として生きて
いく」ことが描かれている。
　一方で，Y町におけるふたりには，こうした日常の関係性と結びついたもの
としてキャリアサクセスが語られてはいない。例えばE氏は次のように話して
いる。

　事例を作りたいと思ったんですよね。−（中略）−いろんな他の地域のまち
づくりの事例を見ていると，物を作るとか莫大なお金をかけて何かをやる
って言うことがものすごく多くて。それをやったら，確かに実績としても
のすごくわかりやすいし，やりたがるのはわかるんですよ。企業が潤うじ
ゃないですか。そこにお金を投入できるから。だけど，例えば建物作りま
した，そこに人が集まってるかって言ったら，いや集まってないよねって。

もっとソフトの設計が必要じゃないかというのが見えてきていて。財団P
のなかで，人に投資をすることでこれだけ伸びたっていうことを，その実
績ができれば町がお金を使う方向がもっと人に投資するようになるって思
っていて。その実績を作りたいって思ったんですよ。それで，財団Pにき
ました。

こうした語りに現れているように，Y町のふたりは純粋に自分がやりたいこと
を実現することに重きが置かれており，そのなかで日常における関係のことは
語られないのである。

　つまり，X村とY町の4人はともにニューキャリア的なキャリアサクセスを
語りつつも，一方は日常における関係性と結びついたキャリアサクセスを描き，
他方は純粋に自己にもとづいたキャリアサクセスを描いていると言えるだろ
う。キャリアとは「あるひとの生涯に渡る期間における，仕事に関連する様々
な経験や活動と結びついた態度や行動について個人的に知覚された連続」(Hall,
1976) と定義されるように，基本的に仕事生活に関係するものである。キャリ
ア上の成功を概念化したものであるキャリアサクセスも基本的に仕事生活に
おける成功を表すものであると言える。しかし，X村のふたりにおいて，キャ
リアサクセスは，日常生活の関係性と分かちがたく結びつきながら把握される
ものである。これは，従来のキャリアサクセスにおいては提示されたことがな
く，本章から新たに見出されたキャリアサクセスのあり方と言えるかもしれな
い。本章では，日常生活における関係性と結びついて把握されるキャリアサク
セスを「ライフ‑キャリアサクセス」と呼称したい。

■ ワークとライフの距離

　ライフ‑キャリアサクセスは，ローカル在住でニューキャリアであれば必ず
見出される，というわけではない。しかし，Y町では見られず[4]，X村におい
て見出されたということから，地域による差異があるように思われる。ただし，
X村のC氏は，ライフ‑キャリアサクセスというより自己に基づいたキャリア
サクセスを描いていることから[5]，X村であれば全員がライフ‑キャリアサク

セスを持つ，というわけでもなさそうである。このことから，X村という環境がライフ‒キャリアサクセスを形作るというよりも，ライフ‒キャリアサクセスを描く個人がX村のような環境に惹かれて，その環境を選択しやすく，またライフ‒キャリアサクセスが実現しやすいのではないかと推測できる。では，Y町とは異なる「X村のような環境」とは，どのような環境として記述できるだろうか。

　本章において着目したことは，仕事生活（ワーク）における成功と日常生活（ライフ）における円満さの接近の程度である。つまり，仕事生活における成功と日常生活における円満さが密接に関わっていればいるほど，ライフ‒キャリアサクセスを得やすく，ライフ‒キャリアサクセスを志向する個人を惹きつけるのではないか，ということである。ここでいう日常生活における円満さとは，日常生活に影響を与える主体との関係性が円滑であり，かつ好意的であることを指している。仕事生活（ワーク）における成功と日常生活（ライフ）における円満さの接近の程度を，本章では「ワークとライフの接近／離反」と称して議論を進めていきたい。

　X村では，先に見てきたように，日常生活における関係性とともにキャリアサクセスが把握されているように，日常生活と仕事生活は密接に関わるものとして認識されている。先に引用したA氏の語りにあるように，都市部にいたときは仕事だけの付き合い，そのときだけの付き合いであったが，X村では「これまでもこれからも知り合い」の人と仕事をしていくことになる。そうした環境においては，日常生活における関係性は当然，仕事生活における成否にも繋がりやすくなり，またその逆も然りである。X村のような状況はワークとライフが接近している，と表現できるだろう。

　一方，Y町においては，キャリアのことや仕事の話のなかで，X村のように日常生活に関わる話が出てくることは稀である。普段の繋がりや関係性があるから仕事をしている，キャリアを作っているという発言はあまりなく，先に見てきたように，自分がやりたいことを実現するために活動している，のである。これは決して隊員と地域との繋がりが薄いとか欠如していることを意味していない。普段の生活についての語りのなかでは，地域のひとによく見られているとか，ほぼみんな顔見知りといった発言もされている。しかし，こうした普段

の関係が，仕事のことと同時的に語られるかと言われると，そうではないのである。Y町のような状況は，ワークとライフが離反している，と言えるだろう。

　こうした環境の違い，つまりワークとライフの接近／離反によって，ライフ－キャリアサクセスを得やすいかどうか，またライフ－キャリアサクセスを志向する個人が惹かれやすいかどうかが変化している可能性があるだろう。注意が必要なのは，ワークとライフの接近／離反は，キャリアサクセスのあり方を決めるという因果関係ではない，ということである。なぜならX村の個人がすべからくライフ－キャリアサクセスを志向しているわけではなく，Y町においてもライフ－キャリアサクセスを志向することは可能であると考えられるからである。例えば地元の常連客を対象としたお店を運営していく場合などは，ライフ－キャリアサクセスに近いものとなるだろう。少なくとも地域おこし協力隊のように，ニューキャリアパラダイムに生きる個人においては，環境が個人のキャリアサクセスのあり方を決めているというよりも，個人が環境を選んでいると理解できるだろう。

5　ワークとライフの接近／離反とキャリア形成

　本章において見出された主要な発見はふたつである。ひとつは，ローカルキャリア，特にローカル・ニューキャリアにおいてキャリアサクセスは一様ではなく，日常生活における関係性と結びついて把握されるライフ－キャリアサクセスが存在することである。もうひとつは，仕事生活（ワーク）における成功と日常生活（ライフ）における円満さの接近の程度とキャリアサクセスのあり方が関わっており，ニューキャリアのなかでライフ－キャリアサクセスを志向する個人はワークとライフが接近した環境を積極的に選んでいる，ということである。

　先に述べてきたように，ワークとライフの接近／離反は環境的な特徴であるが，これがキャリアサクセスのあり様を決定的に規定しているわけではないだろう。そもそも，ワークとライフが接近したX村のような環境は，最近になっ

て唐突に生まれたものではない。つまり，ニューキャリアのなかでライフ－キャリアを志向し，ワークとライフの接近した環境を能動的に選択する個人がいることが，本章の発見なのであって，ワークとライフの接近した環境がライフ－キャリアサクセスを生んだわけではないのである。しかし，本章で取り上げてきた移住者のように自ら環境を選択したものではなく，特定の地域に生まれ，またなんらかの理由でその土地を離れることができない個人を想定したとき，その個人のキャリアは相当程度に地域によって規定されると言えないだろうか。

　仕事への埋め込み（job embeddedness）において議論されているように，個人は，公式にせよ非公式にせよ他者との結びつきが多く強いほど，その環境に馴染んでいるほど，またその組織やコミュニティを離脱することによって失われるベネフィットが大きいほど，その組織やコミュニティに居続けようとする（Kizard, Holtm, Hom, & Newman, 2015）。X村のように，安定的，長期的な関係をベースとした地域コミュニティに生まれ適応してきた個人は，地域コミュニティの住民たちと強いつながりを有し，かつその環境に馴染んでいるだろう。また，ワークとライフの繋がりも強いことから，仕事を進めるうえで地域コミュニティから得られるベネフィットが大きく，裏を返せば，地域コミュニティを離脱することで失うものも大きいと言える。つまり，地域コミュニティへと深く埋め込まれた状態となる。そして，その場合，キャリアは地域コミュニティのなかで形成されていく傾向が強くなるだろう。キャリアサクセスも同様に地域コミュニティにおける関係性をベースに把握されることになる。地域コミュニティにおいて重要な存在であるか，地位があるか，パワーを有しているかといった点からキャリアサクセスが把握される傾向が強くなると考えられる。自己によって規定されるのではなく外的に規定され，主観的というより客観的であり，多義的というより一義的という意味で，こうしたキャリアサクセスは，オールドキャリア的なキャリアサクセスであると言える。

　ここまで見てきたように，地域との結びつきが強くなればなるほど，キャリアやキャリアサクセスは日常における地域コミュニティとの関係性からの影響が強くなり，地域コミュニティによってキャリアやキャリアサクセスが規定されるオールドキャリアの色を強くしていくと考えられる。そして，これはワークとライフの距離が，ライフ方向に接近した場合であると言えるだろう。では，

逆にワークとライフがワークのほうに接近する場合は，どのようになるだろうか。既に想像している方もいるかもしれないが，典型的なオールドキャリア，つまり企業戦士とか組織人（organization man）と言われてきたようなキャリア形成となるのではないだろうか。こうしたひとたちは，企業のことを私生活より優先し，仕事のことを踏まえて私生活のことを設計していたと言えるだろう。以上に論じてきた，ワークとライフの接近／離反とキャリア形成の関係を図示すると次のように表現できるだろう。

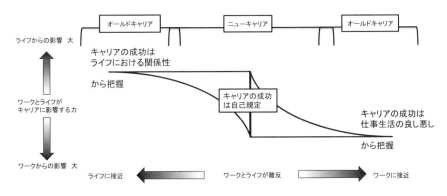

図1　ワークとライフの接近／離反とキャリア形成およびキャリアサクセスのあり様の関係
　　出典：筆者が独自に作成

　図1において横軸はワークとライフの接近／離反を表している。中央を離反している状態とし，右にいくほどワークへと接近していく，つまり，仕事上の成功がライフの円満さを決めるようになっていくことを表す。一方，左にいくほどライフに接近していく，つまりライフにおける円満さがワークにおける成功を決めるようになっていくことを表す。縦軸は，ワークとライフが個人のキャリア形成を規定する程度を示しており，ワークにおける代表的な影響主体は企業組織であり，ライフの代表的な影響主体は地域コミュニティである。縦軸における中央は両者からの影響力が均衡する状態であり，下にいくほどワークからの影響力が増していき，上にいくほどライフからの影響力が増していくことを示している。さて，横軸の移動は環境そのものの変化や社会的な背景の変

化を表していると言えるだろう。例えば，地域社会に生まれ地域社会でずっと育ってきた個人は，図 1 においてより左方向に位置すると考えられる。また縦軸の移動は，その環境や社会的背景のなかで，どの程度，ワークやライフから影響を受けているかを表している。地域社会に生まれ育ってきた個人がすべてライフ – キャリアサクセスではないように，個人はそのなかでどの程度，外部からの影響を受けてキャリア形成をしているかが異なるからである。つまり，ワークとライフが離反している場合，もっとも影響を受ける程度を自身で選択できる幅が広く，左右に移動していくとその幅が狭くてなっていくことを表している。そして，この図において，ニューキャリア的な生き方とは，この図のどこに自身をプロットするかを自分で決めるような生き方である，と言えるかもしれない。本章で見てきたように，どういう環境を選ぶのか，という点にニューキャリアの特徴が表れていたからである。一方で，オールドキャリア的な生き方とは，それがライフであるにしろワークであるにしろ，それらの影響力が強いところから動かず（けず）にいると解釈できるだろう。

6　おわりに

　ローカルに関わりながらキャリア形成を行うローカルキャリアには，多様なあり方が存在し，それぞれにおいてキャリアの成功というものは異なると考えられる。地域おこし協力隊というカテゴリーのなかでもキャリアサクセスに違いがあり，それはワークとライフの接近 / 離反という環境要因と関係しながら形作られていた。「地域で働く」ということを考え選択するにあたって，自身がどのようなキャリアを歩んでいきたいのか，どのような成功を求めたいと考えているのかを立ち止まって考え，地域を選択することが重要である。例えば，自分のやりたいことを実現することを第一に置いているのであれば，ワークとライフが離反した環境を選んだほうがよいかもしれない。ライフ – キャリアサクセスを得たいと考えるのであれば，接近した環境を選んだほうがそうしたサクセスは得やすいだろう。地域にある課題の内容やどのような仕事ができそう

か，もしくは地元だからといった要素も重要ではあるが，自身のキャリア形成という視点で考えたときに，ワークとライフの接近／離反という視点も重要となるのではないだろうか。

また，一方で，外部の人材を受け入れたいと考えている地域においては，自分たちの地域がワークとライフの接近／離反がどのような状態なのか把握することは重要となるかもしれない。そのうえで，それに適した人材を受け入れるのか，ワークとライフの接近／離反を変えていくことを考えるのかは，各地域によって選択されることになるだろう。

本章で提示したワークとライフの接近／離反という概念はまだ曖昧で，具体的，客観的にこの環境が接近なのか離反なのかを把握することが難しい。今後，概念定義を明確にしていくとともに，どうすればワークとライフの接近／離反を把握することができるのか検討していく必要があるだろう。また，ライフにおける円満さを，「日常生活（ライフ）に影響を与える主体との関係性が円滑であり，かつ好意的であること」としたように，日常生活に影響を与える主体は，本章で論じた地域コミュニティだけであるとは限らないだろう。例えば，家族がそうした役割を担うかもしれない。こうした観点から検討を進めることで，個人のキャリア形成に対して家族や地域が与える影響について新たな知見を見出されることが期待できるだろう。

【注】

1）本章ではローカル・ニューキャリアという新たな概念の提案を行なっているわけではない。かつ，ローカル・ニューキャリアという独立したキャリア論上の概念は現在では整理されてない。あくまで既存の概念のかけ合わせた類型としてのみ取り扱っていることを記しておく。

2）こうした動きが現れてきている背景として，ひとつに制度面の整備が挙げられるだろう。制度面の整備とは，本研究で中心的に扱うこととなる「地域おこし協力隊」に代表される，都市部から各地域へとひとを流動させるための官主導の取り組みのことである。現政府は率先して地方創生を掲げ，「まち・ひと・しごと創生総合戦略（2018改訂版）」（内閣府，2018）と称する長期ビジョン，総合戦略，基本方針を示している。そのなかで「地方にしごとをつくり，安心して働けるようにする」「地方への新しいひとの流れをつくる」「若い世代の結婚・出産・子育ての希望をかなえる」「時代に合った地域をつくり，安心

したくらしを守るとともに，地域と地域を連携する」という 4 つの基本目標を掲げている。

3 ）キャリアサクセスをどのように捉えることができるのかという議論は，概念定義については大まかに一致した見解がある一方，測定尺度については一致しておらず，多種多様な指標が用いられてきた。特に主観的キャリアサクセスについては，キャリアに対する満足感（Career Satisfaction）が最もよく使用される指標であるが，その妥当性については議論の余地があるとされている（Shockely et al., 2016）。

4 ）Y 町では他の隊員も，D 氏や E 氏と同様の傾向が見られており，ライフ - キャリアサクセスというより，自身に基づいたキャリア - サクセスである。

5 ）C 氏の詳細な語りは割愛するが，C 氏はそもそも「本屋 + α」と言えるような本屋をベースとした複合施設を作りたいと考えており，それを実現するフィールドとして X 村を選択している。X 村を選択した背景は，秘境とも言える土地で夢を実現することに対する純粋な面白さであるとも語っており，ライフ - キャリアサクセスというよりは自己に基づいたキャリアサクセスに近いと判断した。

《参考文献》

- 石井重成（2019）「はじめに：ローカルキャリア白書について」，特定非営利活動法人ハナラボ・株式会社 Future Research Institute・Sanca Process Design（編），『ARTS OF LOCAL CAREER ローカルキャリア白書 未来の働き方はここにある』，一般社団法人地域・人材共創機構，pp. 4-6.
- 鈴木竜太（2014）「組織内キャリア発達における中期のキャリア課題」『日本労働研究雑誌』，653，pp. 35-44.
- 内閣府（2018）『まち・ひと・しごと創世総合戦略（2018 改訂版）』，内閣府，pp. 1-160.
- Arthur, M.B., Inkson, K., & Pringle, J. (1999). *The new careers: Individual action and economic change*, Sage.
- Arthur, M., Khapova, S., & Wilderom, C. (2005). "Career success in a boundary less career world," *Journal of Organizational Behavior, 26*, pp. 177-202.
- Clarke, M. (2013). "The organizational career: Not dead but in need of redefinition," *The International Journal of Human Resource Management, 24*（4）, pp. 684-703.
- Defillippi, R.J., & Arthur, M.B. (1994). "The boundaryless career: A competency - based perspective," *Journal of organizational behavior, 15*（4）, pp. 307-324.
- Feldman, D. C., & Ng, T. W. (2007). "Careers: Mobility, embeddedness, and success,"

Journal of management, 33 (3), pp. 350-377.

- Kizad, K., Holtom, C, B., Hom, W, P., & Newman, A. (2015) . "INTEGRATIVE CONCEPTUAL REVIEW Job Embeddedness: A Multifoci Theoretical Extension, " *Journal of Applied Psychology,* 100 (3), pp. 641-659.
- Shockley, K. M., Ureksoy, H., Rodopman, O. B., Poteat, L. F., & Dullaghan, T. R. (2016). "Development of a new scale to measure subjective career success: A mixed - methods study," *Journal of Organizational Behavior, 37 (1),* pp. 128-153.
- Sullivan, S. E., & Baruch, Y. (2009) . "Advances in career theory and research: A critical review and agenda for future exploration," *Journal of management, 35* (6), pp. 1542-1571.

第 3 章

兵庫県における
雇用の現状と課題

有吉 智香
前兵庫県産業労働部政策労働局産業政策課

地域での雇用を考える場合，我々が考える地域は主に兵庫県を対象としている。人口減少，少子高齢化が加速する中，兵庫県は就業者の減少に伴う深刻な人手不足に直面している。さらに，兵庫県にとっての大きな課題となっているのが，若者の県外流出の継続や，女性・高齢者の就業率が全国でも低い水準にとどまることである。イノベーション創出の源泉となるのは人材であり，人口が減少しても活力ある社会をつくるには，若者，女性，高齢者，障がい者，外国人など，だれもが持てる力を発揮して就労し，活躍することが不可欠である。兵庫県は，人口減少に打ち勝つ「すこやかな兵庫経済」の構築を目指し，「ひょうご経済・雇用活性化プラン」に基づき，「ひょうごで働こう！プロジェクト」をはじめとした雇用施策を推進している。本章に示される内容や意見は，筆者個人に属するものであり，兵庫県及び産業労働部の公式見解を示すものではない。

キーワード

人口減少　少子高齢化　人手不足
若者の県外流出　多様な主体の活躍推進

1　兵庫県の雇用情勢

　イノベーションによる経済活性化を支えるのは，人材である。本節では，兵庫県における産業人材の確保状況としての近年の雇用情勢について，背景となる人口減少の影響等を踏まえて概説する。

■ 人口減少・少子高齢化と就業者の減少

　兵庫県の人口は，2009 年 11 月の 560 万人超えをピークとして減少局面に入った。さらに，2010 年国勢調査における 2,468 人の減（2005 年との比較）から，2015 年調査では 53,333 人の減（2010 年との比較）となり，人口減少が加速している。2019 年 2 月 1 日現在の兵庫県人口は 548 万人となった。国立社会保障・人口問題研究所の推計によれば，2045 年には 453 万人にまで減少するものとされている。
　あわせて，急激な少子高齢化が進行している。2015 年の兵庫県人口に占め

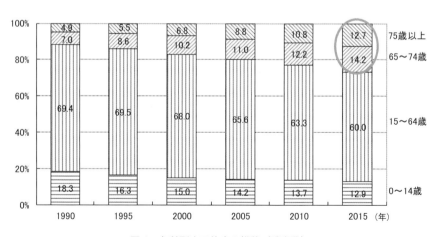

図 1　年齢別人口比率の推移（兵庫県）

出典：総務省「国勢調査」（2015）

る 0 ～ 14 歳人口の割合は 12.9％，65 歳以上は 27.1％となり，1990 年からの 25 年間で，それぞれ 5 ポイント以上の低下，15 ポイント以上の上昇となった。 2010 年には 75 歳以上高齢者が兵庫県人口の 1 割を超え，さらに，2015 年においては，兵庫県民の 4 人に 1 人以上が 65 歳以上となった。

　少子高齢化の進展に伴い，兵庫県内の生産年齢人口（15 ～ 64 歳）が総人口に占める割合は，1995 年の約 7 割から 2015 年の約 6 割へと急激に低下している。国立社会保障・人口問題研究所の予測では，2045 年には約 50.6％の比率にまで低下すると見込まれている。

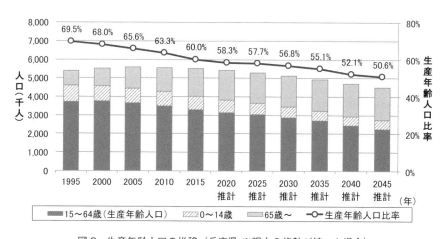

図 2　生産年齢人口の推移（兵庫県 ※現在の趨勢が続いた場合）

出典：総務省「国勢調査」（2015）及び国立社会保障・人口問題研究所
「将来人口推計」（2017）を基に県産業政策課作成

　就業状況を見ると，兵庫県における男性（15 ～ 64 歳）の有業者は，この層の人口が減っている影響を受け，大きく減少している。女性（15 ～ 64 歳）については，近年の有業率の大幅な上昇によって有業者数を維持しており，また，65 歳以上の高齢者における有業者数は増加している。しかし，女性と高齢者が男性有業者数の減少を完全に補うには到っていない。

　このため，兵庫県内有業者数は，足元では増加しているものの，人口に先行して水準が下がっている。労働力を必要とする側（＝総人口）よりも，労働力を提供する層（＝就業者）の減少幅が大きくなるという事態は，労働需給の逼

迫につながる。さらに，高齢化によって，介護需要が今後一層高まることも確実視されることから，人口減少・高齢化は，人手不足の構造的な要因となる。女性，高齢者の有業者がさらに増えるための取組と合わせて，労働力減への対応が必要である。

　一方，東京圏（埼玉県，千葉県，東京都，神奈川県）では，人口，有業者とも増加を続けている。これは，兵庫県を含む全国からの若年者をはじめとした人口流入の結果と見られ，東京一極集中は労働力の遍在を深刻化させている。

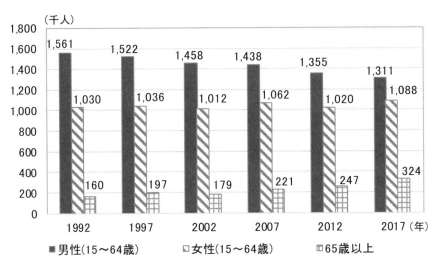

図3　有業者数の推移（兵庫県）

出典：総務省「就業構造基本調査」（2017）

表1　有業率の推移（兵庫県）

(%)

区分	1992 年	1997	2002	2007	2012	2017
男性（15～64 歳）	83.2	82.7	79.5	81.8	80.1	82.4
女性（15～64 歳）	53.1	54.4	52.9	57.6	57.7	65.6
65 歳以上	22.9	23.8	17.7	18.4	18.3	20.8

出典：総務省「就業構造基本調査」（2017）

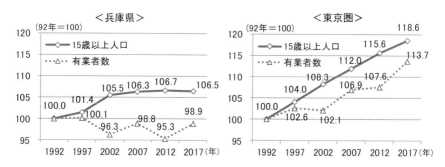

図4　15歳以上人口と有業者の増減比較

出典：総務省「就業構造基本調査」(2017)を基に県産業政策課作成

人手不足の深刻化

　兵庫県の有効求人倍率は，2008年のリーマンショックを契機に急激に低下したものの，その後大きく回復し，2017年度には1.32倍と，バブル期を超える水準にまで上昇した。2017年度の充足率（求人企業が人を確保できた割合）は15％まで低下している。

　こうした中，日本銀行神戸支店が公表している県内企業短期経済観測調査において，2018年12月の雇用人員判断ＤＩは，全産業で28％ポイントの不足超

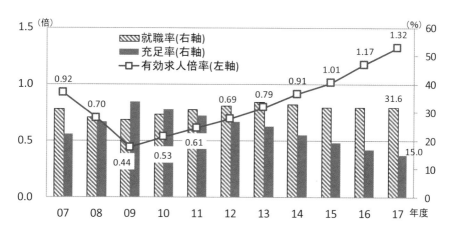

図5　有効求人倍率と就職率・充足率の推移（兵庫県）

出典：2018年の兵庫労働局資料を基に県産業政策課作成

過となった。これは，1991 年 8 月調査以来の不足超過水準である。とりわけ中小企業における人手不足は深刻で，不足超過は 36％ポイントに達しており，喫緊の課題となっている。

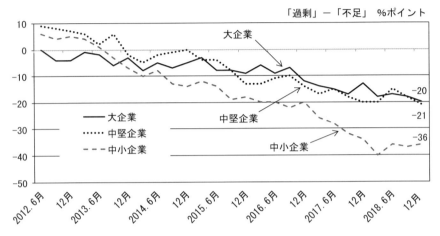

図 6　雇用人員判断 D I （兵庫県）

出典：日本銀行神戸支店「県内企業短期経済観測調査」（2019）

　求人企業の充足率が低下する一方で，求職者の就職率は 30％程度にとどまっており，人手不足深刻化の要因には，職種における雇用のミスマッチが発生していることも挙げられる。

　兵庫県の職業別新規求人数及び求職者数について，2017 年度における求職数 − 求人数のマイナス幅が大きい職種は，介護サービス（▲ 29,519 人），生産工程（▲ 22,664 人），販売（▲ 20,768 人），保育士等の社会福祉（▲ 13,512 人），飲食物調理（▲ 11,996 人）等となっており，介護・福祉分野をはじめとした分野で求人超過の状況にある。一方，事務職は 24,347 人の求職超過となっている。人手不足が深刻な職種における人材育成充実や処遇改善の促進が必要である。

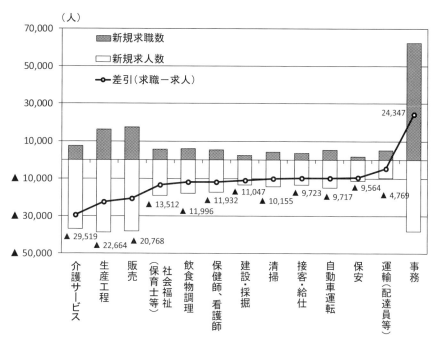

図7　職業別新規求人数，新規求職者数（兵庫県，2017年度）

出典：2018年の兵庫労働局資料を基に県産業政策課作成

2　多様な働き手の活躍

　人口が減少する中にあっても活力ある社会をつくるには，若者，女性，高齢者，障がい者，外国人など，だれもが持てる力を発揮して就労し，活躍することが不可欠である。本節では多様な主体の就業状況と課題について概観する。

■ 若者の流出と就業

　兵庫県における人口及び就業者数減少の要因の一つとして，県外への人口流出がある。近年，兵庫県は，転出者数が転入者数を上回る社会減の状況に陥っ

ている。2018 年の転出超過数（日本人）は 6,088 人と，全国ワースト 7 位になった。こうした人口流出の多くを 20 代の若者が占め，特に東京圏や大阪府への流出拡大が継続している。

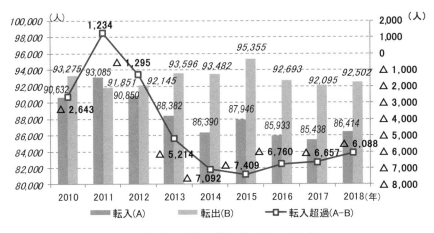

図 8　人口転出入数の推移（兵庫県，日本人）

出典：総務省「住民基本台帳人口移動報告」（2019）

表 2　20 代の転出超過数推移（兵庫県 ）

（人）
	2015 年	2016 年	2017 年	2018 年
20〜24 歳	▲3,219 人	▲3,696 人	▲3,997 人	▲ 4,536 人
25〜29 歳	▲2,229 人	▲2,047 人	▲1,994 人	▲ 2,154 人

出典：総務省「住民基本台帳人口移動報告」（2019）

　20 代の若者の転出は，就職や転職によるものが多いと推測される。兵庫県と東京都の産業別就業者構成比を見ると，兵庫県では，製造業や医療・福祉等の業種の就業割合が高い一方で,情報通信業については,低水準に留まっている。

　産業別の 20 代就業者の転出状況では，情報通信業に加え，卸売業・小売業も転出超過が大きい。全世代でも，卸売業・小売業や情報通信業の就業者の転出超過が大きく，製造業の転入超過が縮小している。

　兵庫県はものづくり県として発展してきたが，経済のサービス化に伴い，製

造業の雇用吸収力が弱まり，情報通信業をはじめとする第3次産業の収益性・賃金水準が高い東京都や大阪府に，若者が就労のために流出しているものと考えられる。

表3　兵庫県・東京都における 就業者の産業別構成比較（2015年）

(%)

	総数(15歳以上)			25～29歳		
	兵庫県	東京都	ポイント差	兵庫県	東京都	ポイント差
建設業	6.4	5.2	1.1	4.2	3.4	0.8
製造業	18.6	10.1	8.5	20.3	7.8	12.5
情報通信業	2.2	7.6	▲ 5.4	2.7	10.9	▲ 8.2
運輸業，郵便業	5.5	4.4	1.1	4.2	3.2	1.0
卸売業，小売業	16.1	14.0	2.2	16.6	13.8	2.8
金融業，保険業	2.4	3.7	▲ 1.3	3.3	4.2	▲ 1.0
宿泊業，飲食サービス業	5.5	5.7	▲ 0.1	4.4	4.7	▲ 0.3
教育，学習支援業	5.0	4.6	0.4	6.2	4.5	1.7
医療，福祉	12.7	9.2	3.4	15.0	10.0	5.0

出典：総務省「国勢調査」(2015)

表4　20代就業者の転出超過が大きい産業（兵庫県，2010→2015年）

(人)

		1位	2位	3位
20～24歳	男性	卸売・小売　▲ 1,004	宿泊・飲食　▲ 681	情報通信　▲ 434
	女性	情報通信　▲ 275	運輸・郵便　▲ 159	教育・学習支援　▲ 159
25～29歳	男性	卸売・小売　▲ 569	情報通信　▲ 539	公務　▲ 236
	女性	卸売・小売　▲ 545	情報通信　▲ 362	金融・保険　▲ 258

出典：総務省「国勢調査」(2015)

55

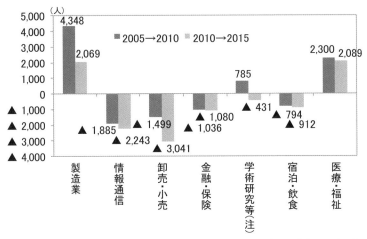

(注) 学術研究，専門・技術サービス業

図 9　主要産業就業者の転入超過（兵庫県）

出典：総務省「国勢調査」（2015）

■ 女性の就業状況

　兵庫県における 2017 年の女性有業率は 47.6％である。2012 年調査の 43.8％から 3.8 ポイント上昇したものの，全国平均を 3.1 ポイント下回り，47 都道府県中 41 位となっている。

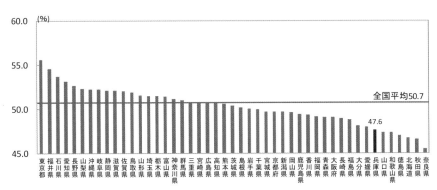

図 10　女性の都道府県別有業率（2017 年）

出典：総務省「就業構造基本調査」（2017）

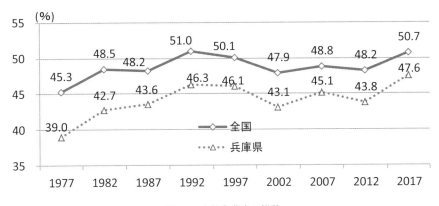

図 11　女性有業率の推移

出典：総務省「就業構造基本調査」（2017）

　一方，育児をしている女性の兵庫県の有業率は 62.7％と，2012 年調査の 43.4％から 19.3 ポイントの大幅上昇となった。過去 1 年間に離職した女性のうち，「出産・育児のため」に前職を離職した者の割合も 5.3％と，2012 年調査の 10.0％から 4.7 ポイントの大幅低下となった。さらに，仕事をしていない育児中の女性において，就業を希望する者の割合が 30 代から 40 代前半では全国平均を大きく上回っており，この層の就業意欲は高い。こうした状況を踏まえれば，兵庫県における女性の活躍をさらに推進していくためには，育児と仕事の両立支援等を進めていくことが重要である。

表 5　過去 1 年間に「出産・育児のため」に前職を離職した女性

（人）

	兵庫県		全国	
	2012	2017	2012	2017
離職者総数(A)	140,600	128,600	3,256,700	3,071,100
出産・育児による離職者数(B)	14,000	6,800	258,100	211,900
割合(B/A)	10.0%	5.3%	7.9%	6.9%

出典：総務省「就業構造基本調査」（2017）

表6　育児をしている女性で無業の者のうち, 就業を希望する者の割合 (2017 年)

(%)

区分	兵庫県	全国
25～29 歳	64.5	64.5
30～34 歳	67.7	60.7
35～39 歳	61.9	61.0
40～44 歳	64.2	58.6
45～49 歳	40.0	54.7

出典：総務省「就業構造基本調査」(2017)

　一方, 職業別の男女比の遍在にも着目する必要がある。兵庫県における 20 代の就業状況を見ると, 県内 20 代女性は, 同世代の男性に比べ専門的・技術的職業 (看護師, 教員, 保育士等), 事務, サービス職業 (介護, 飲食, 理美容等), 販売への従事比率が高い。20 代の職業別男女比では, 事務で女性が 7 割を超える一方, 生産工程では約 2 割にとどまる。職のジェンダーフリーを目指し, 多様な産業・職種における女性の活躍促進が求められる。

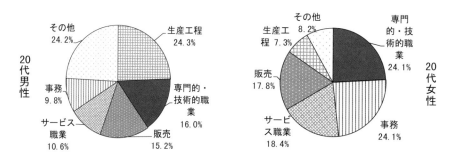

図 12　20 代の職業別従事比率 (兵庫県, 2015 年)

出典：総務省「国勢調査」(2015)

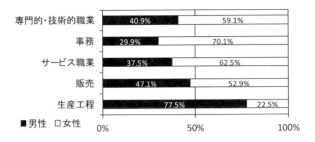

図13　20代職業別男女比率（兵庫県，2015年）

出典：総務省「国勢調査」（2015）

■ 高齢者の就業状況

　兵庫県における65歳以上高齢者の有業率は，2017年に20.8％と，全国平均24.4％を3.6ポイント下回り，全国ワースト4位となっている。一方で，県内の65歳以上で無業の者のうち，就業を希望する者は約11万人存在している。

　また，兵庫県の2015年の平均寿命は男性80.92歳，女性87.07歳に延伸している。健康寿命についても男性，女性ともに延伸しているが，平均寿命との差は縮まっていない。前期高齢者（65〜74歳）の就業率と要介護認定との関係について，都道府県間で比較すると，就業率が高いほど，要介護認定を受けた者の割合（要介護認定率）が低くなる傾向が見られる。人生100年時代の到来に対応した，元気な高齢者の働きやすい環境づくりが求められる。

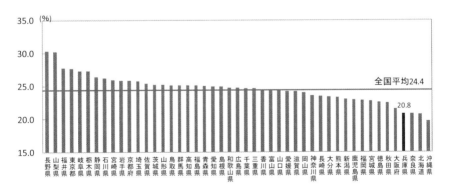

図14　65歳以上高齢者の都道府県別有業率（2017年）

出典：総務省「就業構造基本調査」（2017）

表 7　高齢者の就業希望状況（2017 年）

（人）

	兵庫県	全国
65 歳以上無業者総数（A）	1,234,700	26,568,700
うち就業希望者（B）	108,800	2,183,100
割合（B/A）	8.8%	8.2%

出典：総務省「就業構造基本調査」（2017）

（歳）

阪神・淡路大震災

73.48　77.13　80.4　81.83　85.62　86.14　87.07
68.29　71.82　74.47　75.54　78.72　79.59　80.92

87
82
77
72
67

1965　1975　1985　1995　2005　2010　2015
（年）

◆兵庫県（男）
■兵庫県（女）

図 15　平均寿命の推移（兵庫県）

出典：厚生労働省「都道府県別生命表」
（2015）

表 8　平均寿命・健康寿命の状況（兵庫県）

（歳）

年		平均寿命（A）	健康寿命（B）	差（A－B）
2015 (a)	男性	80.92	79.62	+1.30
	女性	87.07	83.96	+3.11
2010 (b)	男性	79.59	78.47	+1.12
	女性	86.14	83.19	+2.95
伸び (a－b)	男性	+1.33	+1.15	
	女性	+0.93	+0.77	

※算出における「不健康な割合」については，国公表の健康寿命で使用する「国民生活基礎調査で『日常生活に制限がある』と回答した者の割合」ではなく，より客観性のある「3 年間の介護保険データ（要介護認定 2～5）」を使用。

出典：厚生労働省「都道府県別生命表」（2015）及び兵庫県「兵庫県地域創生戦略」（2018）を基に県産業政策課作成

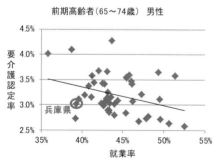

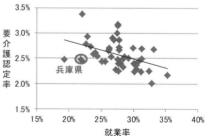

図 16　前期高齢者（65～74 歳）の就業率と要介護認定の関係性（都道府県・男女別, 2015 年）

出典：総務省「国勢調査」（2015）及び厚生労働省「介護保険事業状況報告」（2017）を基に県産業政策課作成

■ 障がい者の就業状況

　2017年6月1日現在の兵庫県の民間企業における雇用障がい者数は14,165.0人となり，14年連続で増加した。実雇用率は2.03％となり，法定雇用率2.0％を初めて達成している。

　一方，約47％の企業が法定雇用率を達成しておらず，特に規模の小さい企業で障がい者雇用が進んでいない。能力や適性に応じた働く場の拡大により，社会の担い手の一員として，障がい者雇用を進めていくことが必要である。

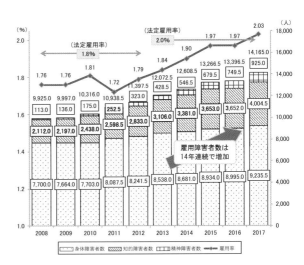

図17　民間企業における障がい者雇用状況（兵庫県）

出典：兵庫労働局調べ（2018），各年6月1日現在

表9　企業規模別の雇用率・達成企業割合（2017年6月1日現在）

	障害者雇用率		法定雇用率達成企業数・割合					
			兵庫県			全国		
	兵庫県	全国	対象企業 （社） a	達成企業 （社） b	割合 （％） b／a	対象企業 （社） a	達成企業 （社） b	割合 （％） b／a
1000人以上	2.19	2.16	89	61	68.5	3,303	2,048	62.0
500～1000人未満	2.01	1.97	146	79	54.1	4,639	2,256	48.6
300～500人未満	1.87	1.82	245	132	53.9	6,881	3,154	45.8
100～300人未満	2.02	1.81	1,226	708	57.7	35,359	19,112	54.1
50～100人未満	1.84	1.60	1,451	683	47.1	40,842	18,983	46.5
計	2.03	1.97	3,157	1,663	52.7	91,024	45,553	50.0

出典：兵庫労働局調べ（2018）

■ 外国人の就業状況

　兵庫県内の外国人労働者数は，2018年10月末で約3.5万人となり，過去最高を更新した。高度外国人材や留学生の受け入れ，技能実習制度の活用が進んでいること等が背景にあると考えられる。産業別構成比を見ると，製造業での労働者が42.9％と半数近くを占めている。一方，高度外国人材の増加割合は全国の中で低い水準に留まっている。

　経済のグローバル化に伴い，ヒト，モノ，カネの流動が拡大している中，経済活性化のためには，外国人材に選ばれる地域とならなければならない。外国

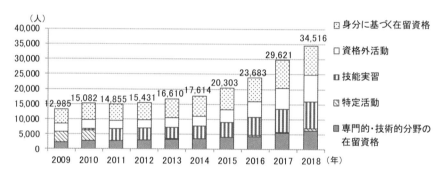

図18　外国人労働者数の推移（兵庫県）

出典：厚生労働省「外国人雇用状況の届出状況まとめ」(2018)

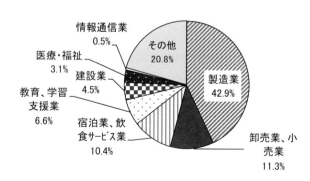

図19　外国人労働者数の産業別構成比（兵庫県，2018年10月末）

出典：厚生労働省「外国人雇用状況の届出状況まとめ」(2018)

人留学生の就職支援等，高度人材の誘致を図るとともに，特定技能の在留資格による外国人労働者の受入を拡大する国の新制度に対応した体制づくりが不可欠である。

表 10　主な在留資格別の高度外国人材数の推移

（人）

		総数 （10 分野）	経営・管理	研究	企業内転勤
全国	2013	197,843	13,439	1,910	15,218
	2014	207,115	15,184	1,841	15,378
	2015	231,112	18,109	1,664	15,465
	2016	263,989	21,877	1,609	15,772
	2017	298,960	24,033	1,596	16,486
	17/13	＋51%	＋79%	▲16%	＋8%
兵庫県	2013	5,388	370	94	346
	2014	5,394	386	87	339
	2015	5,786	448	76	339
	2016	6,430	494	68	313
	2017	7,214	553	64	326
	17/13	＋34%	＋49%	▲32%	▲6%

※総数は経営・管理，研究，企業内転勤，技術・人文知識・国際業務，技能，教育，法律・会計業務，医療，教授，高度専門職の合計。

出典：法務省「在留外国人統計」（2018）

3　兵庫県の雇用施策

　第 2 節で見たとおり，兵庫県では，若者の県外流出に加え，女性や高齢者の就業率が全国の中でも低い水準に留まっていることが大きな課題である。イノベーションの創出には，経済活動の中核となる人材の確保が重要であり，女性，高齢者，障がい者，外国人など多様な主体が，それぞれに持てる力を発揮し，労働参加できるよう，支援が求められている。本節では，兵庫県を担う人材の就労推進や，働きやすい環境づくり，人材育成に向けた兵庫県の取り組みについて概説する。

■ ひょうご経済・雇用活性化プラン（2019 ～ 2023 年度）の推進

　兵庫県では，産業・雇用分野での県政運営の基本的考え方及び施策の方向性を示す中長期計画として，「ひょうご経済・雇用活性化プラン（2019 ～ 2023 年度）」（以下「プラン」とする）を策定・推進している。プランでは，兵庫経済の目指す姿として，「新たな時代を拓くすこやかな兵庫経済」を掲げ，その実現に向け，産業，人材，交流を 3 つの柱として，一体的に強化することとしている。「すこやかな兵庫経済」では，「県民一人ひとりが，性別，年齢，障がいの有無，国籍にかかわらず，生涯にわたって持てる力を高め，しごとに発揮する」。人こそが経済成長の根幹，すなわちイノベーションの源泉との認識に立っている。

　プランにおける強化策の 3 つの柱のうち，雇用施策にかかるのが「環境変化に対応し，挑戦する人材」である。この強化策は，人口減少等に伴う社会構造や労働市場の需給変化に対応し，高度人材に魅力ある就労の場の創出，多様な働き方の浸透，働き手のスキルアップを図るものであり，そのために 3 つのプロジェクトを進めることとしている。

　「人材」強化に向けた 1 つめのプロジェクトが，「未来の担い手，技術革新を伴う人材の呼び込みによる，兵庫の飛躍に向けた働き手の確保」である。このプロジェクトでは，若者の県内就職及び定着を促進するため，第二新卒者を含む若者と県内企業のマッチングを促進するほか，様々な機会・媒体の活用による若者への県内企業の魅力発信等を推進する。また，第 4 次産業革命等による技術革新等に対応する人材の県内就職を進めるため，理工系人材や，情報処理技術者等の知識集約サービスを担う人材の確保を支援する。さらに，多彩な人材の活躍を推進するため，多様な産業・職種における女性の活躍促進，高齢者の経験や能力，社会貢献意識を活かした就業機会の確保，障がい者の特性・能力に応じた働く場の拡大，留学生等の外国人材の県内就労促進，外国人労働者受入に対応した総合調整窓口設置及び生活相談体制強化，不本意な非正規雇用をはじめ就労に課題を抱える人の機会の確保に取り組む。

　2 つめのプロジェクトは，「一人ひとりが，自らの状況に応じて働きやすい環境づくり」である。多様な働き方の推進に向け，普及啓発・雇用助成・職場

環境のハード整備等を進めるほか，育児・介護・長期療養等のライフステージに合わせた勤務形態・休業制度の整備を支援する。加えて，ワーク・ライフ・バランスを推進するため，相談や研修・顕彰等を通じ政労使一体となって働きやすい雇用就業環境を創出・拡大するとともに，福利厚生支援の充実と長時間労働是正等を図る。

　3つめのプロジェクトは，「人生100年時代と技術変化の加速に応じた切れ目ない学び直しの場による，生涯現役の産業人材育成」である。産業構造変化に伴う新たな専門性を身につける職業能力開発として，離転職者や学卒者等の求職者と企業在職者それぞれのニーズに合わせ，福祉・建設等人手不足が著しい分野の訓練ニーズを踏まえながら，職業訓練や大学での学び直しを推進する。また，兵庫県の強みであるものづくりの技術・技能の受け継ぎを推進するため，ものづくり人材の育成として，技能検定受検促進・顕彰や民間事業主の職業能力開発等によるものづくり技能の振興と中学生等のものづくり体験による職業観醸成を図るほか，中核的技術者の育成等を進める。

■「ひょうごで働こう！プロジェクト」の推進

　兵庫県において，特に重点を置いて推進している雇用施策が，「ひょうごで働こう！プロジェクト」である。これは，若者を中心とした転出超過が拡大している状況を踏まえ，若年者の兵庫県内就職及び県内中小企業の人材確保・定着の促進を図るものである。

　第1に，若者と兵庫県内企業とのマッチングに向けて，2019年度より民間求人サイトに「ひょうごで働こう！マッチングサイト」として，特設ページを開設・運営し，マッチングサイトに求人広告を掲載する企業に対し，効果的な内容発信となるよう広告作成を支援する。また，大学生の兵庫県内企業及びUJIターン就職を推進するため，全ての兵庫県内大学と県出身者の多い首都圏等の大学と協定を締結しており，これらの大学の協力を得て，大学生に直接情報を発信する「ひょうごで働こう！キャラバン」を実施する。加えて，兵庫県内外で合同企業面接会を開催する。

　第2に，高校・大学と連携した就活支援として，兵庫県内企業の情報を掲載

した企業ガイドブックを高校 2 年生全員に配付しているほか，大学生等を対象
としたインターンシップを実施し，受入先となる中小企業を支援している。加
えて，就職支援協定締結大学が行う企業説明会等の開催を支援するとともに，
金融機関も含めた連携により兵庫県内企業見学会，企業研究会・セミナーを実
施している。

　第 3 に，就職支援拠点として，神戸市内に総合相談・情報提供窓口である「ひ
ょうご・しごと情報広場」を設置し，職業相談，しごとに関する情報提供，若
年者への相談・キャリアカウンセリングから就職に至るワンストップサービス
を提供している。さらに，県外から兵庫県への移住促進に向けて東京都内に設
置している「カムバックひょうご東京センター」に，職業紹介を行う「カムバ
ックひょうごハローワーク」を併設し，移住相談と就労相談を一体的に実施し
ている。

　第 4 に，中小企業の魅力アップに向け，従業員の奨学金の返済負担軽減制度
を設ける兵庫県内企業への支援として，奨学金年間返済額の一部を補助してい
るほか，採用力・定着力強化のために情報発信を行う企業の自社ホームページ
改修費等を補助している。加えて，中小企業の従業員福利厚生の充実を推進し
ている。

　兵庫県では，これらの施策の推進を通じて，一人でも多くの若者が県内で就
職し生き生きと働けるよう，ふるさと兵庫の元気づくりを展開している。

《参考文献》
• 兵庫県（2017）『平成 29 年度ひょうご経済・雇用白書』
• 兵庫県（2018）『平成 30 年度ひょうご経済・雇用白書』
• 兵庫県（2019）『ひょうご経済・雇用活性化プラン（2019 〜 2023 年度）』

コラム 豊岡市のアート戦略

鴨谷 香（兵庫県立大学地域創造機構）

「小さな世界都市 – Local&Global City –」"豊岡"というローカルに深く根ざしながら，世界で輝き「小さくてもいいのだ」という堂々たる態度のまち創りを目指す，兵庫県北部の8万人都市，豊岡市。全国的にアートを中心とした地域創生が注目されている中，同市の取り組みや成果は一目を置かれる存在となっている。

同市のアート戦略の中心にあるのが，2014年に誕生した城崎国際アートセンターである。かつては志賀直哉などの文豪が愛した日本らしい風情が残る町並みが，世界的にも人気の文学のまち城崎温泉内に所在している。このセンターは以前，兵庫県が建設したハコモノである大会議館であった。施設が同市に移管される際，施設の維持管理費に頭を悩ませた中貝宗治市長の「どうせ費用がかかるなら，新しい情報発信拠点をつくり，豊岡，城崎に新たな人の流れができれば，まち全体が潤うだろう」という逆転の着想からの設立であった。中貝市長は兵庫県県議会議員時代に阪神淡路大震災の被災地支援を通じて得た"人が元気になる

にはアートが必要だ！"という確信をもっており，その視点を戦略の中心に置いたのである。

ホール，スタジオ，宿泊施設を無料で利用して舞台芸術創作活動ができるよう設計された「アーティスト・イン・レジデンス」プログラムには毎年，世界各国から多数の応募があり，波及力，国際性，地域性，革新性，将来性，実現性という選考基準で選ばれた国内外のアーティストが年間を通じて城崎に滞在する。アーティストらは城崎町民価格で外湯に入れる特典が与えられ，文字通り地域住民のとの"裸の付き合い"の相互交流が促される。さらに公募要件として義務付けられている地域交流プログラム実施では，創作成果の

公開リハーサルや試演会，子供が参加できるワークショップなどが行われ，地域住民や観光客が身近に本物のアートに触れることで"新たな化学反応"が生まれている。アーティストの存在は，地元の人から「アートさん」と呼ばれるほど，すっかり身近な存在として定着し，イノベーションに不可欠な多様性を受け入れる土壌が醸成されている。地元の高校卒業後上京し東京で働いた後，東日本大震災を契機に地元にUターンした経歴を持つ同センター館長の田口氏がこれらをコーディネートし，事業を力強く推進している。

移住政策にも，アートが影響を与えている。大手広告代理店のスキームを活用しながらスタートした豊岡市移住・定住ポータル「飛んでるローカル豊岡」をご覧になっただろうか。豊岡の魅力にひかれIターンやUターン等で移住した"先輩移住者ライター"が豊岡での仕事，教育，暮らしについて，包み隠さずユーモアたっぷりに語る言葉がおしゃれなデザインの中に並ぶ。豊岡への移住はすべていいことばかりではないけれど，豊岡での仕事や生活がいかに幸せで楽しいか，そんな本音がにじみ出ている。市によると魅力的な先輩移住者に惹かれ，移住を決めるケースも多いという。

最近の話題は，なんといっても演劇と観光を実践的に学べる初の国公立大学の国際観光芸術専門職大学(仮称)設立予定というニュースだろう。豊岡は鞄などの製造業だけでなく観光が主要産業であるという認識を持ち，グローバルな観光業を発展させるにはコミュニケーション能力が不可欠だという視点がその根本にある。前述の城崎国際アートセンターの芸術監督を務め，演劇を通じたコミュニケーション教育で優れた実績を持つ世界的にも有名な劇作家・演出家である平田オリザ氏は，自身が主催する劇団ごと東京から豊岡市へ居を移した。これまでのイノベーティブな取り組みが有機的につながった結果であろう。同学の理念にあるように，舞台芸術の学修で得た能力を基礎として，地域と協働し，多彩な地域資源を活かし，芸術文化を通じた新たな価値を創造できる専門職業人材が多数育成されるだろう。このイノベーションにより地域課題を解決するプラットフォーム機能が発揮されれば，豊岡地域の発展と繁栄，将来的には国際社会の形成への大きな貢献が期待される。

平田オリザ氏は同学の学長就任予定であり「自分たちの誇りに思う文化や自然は何か。そして，そこにどんな付

加価値をつければ，よそからも人が来てくれるかを自分たちで判断できる能力，すなわち文化の自己決定力が重要である」と語る。すでにある資源を見直し，つなげ，活かし，表現し，市民の“自分たちの町への誇り”を育てる豊岡市の取り組みは，地域イノベーション人材の創出にとって，大いに参考になる事例ではないだろうか。

≪参考文献≫
• 平田オリザ（2016）『下り坂をそろそろと下る』講談社現代新書

写真1　城崎国際アートセンター
　　出典：豊岡市

第 **4** 章

女性活躍における取り組み

瀧井 智美
株式会社ICB

急速な人口減少，将来の労働力不足が懸念される中，多様な人材の確保が求められ，その一つの解決策として"女性活躍"の重要性が高まっている。"女性"は多様性（ダイバーシティ）の重要な要素であり，女性の活躍が進むことで，多様な視点や価値観，創意工夫がもたらされ，今までにないイノベーションが生まれる。本章では，"女性活躍"がプロダクトイノベーションやプロセスイノベーションを生み出している兵庫県内の企業事例を紹介しながら，女性の力を引き出し，企業の成長に繋げているイノベーションの事例を解説する。

■ キーワード ■

ワーク・ライフ・バランス　プロダクトイノベーション
プロセスイノベーション　新しい働き方の実現

1　女性活躍に関する政府の動き

　2013年4月19日，安倍総理は「成長戦略スピーチ」で，成長戦略の3つの
キーワードとして「挑戦：チャレンジ」，「海外展開：オープン」，「創造：イノ
ベーション」を語った。その中で，本章で取りあげる女性活躍推進については
次のように語っている。

　「「人材」資源も，活性化させねばなりません。優秀な人材には，どんどん
活躍してもらう社会をつくる。そのことが，社会全体の生産性を押し上げます。
現在，最も活かしきれていない人材とは何か。それは，「女性」です。女性の
活躍は，しばしば，社会政策の文脈で語られがちです。しかし，私は，違いま
す。「成長戦略」の中核をなすものであると考えています。女性の中に眠る高
い能力を，十二分に開花させていただくことが，閉塞感の漂う日本を，再び成
長軌道に乗せる原動力だ，と確信しています。」

　これからの戦略の中核と位置づける力強いメッセージであった。2016年4
月には女性活躍推進法も全面施行された。

■ 女性活躍推進法

　女性活躍推進法の目的は，「男女共同参画社会基本法の基本理念にのっとり，
自らの意思によって働き，または働こうとするすべての女性の活躍を迅速かつ
重点的に推進し，その結果として男女の人権が尊重され，豊かで活力ある社会
を実現する」ことである。
　具体的な内容は次のとおりである。

　・数値目標：2020年の女性管理職比率　30％
　・行動計画の策定：行政機関と301人以上の企業に義務化

現状把握→課題抽出→目標設定→実現のための取り組み→社内外への情報公開

基本原則は，次のとおりである。

・女性に対する採用，昇進等の機会の積極的な提供及びその活用と，性別による固定的役割分担等を反映した職場慣行 が及ぼす影響への配慮が行われること
・職業生活と家庭生活との両立を図るために必要な環境の整備により，職業生活と家庭生活の円滑かつ継続的な両立を可能にすること
・女性の職業生活と家庭生活の両立に関し，本人の意思が尊重されるべきこと

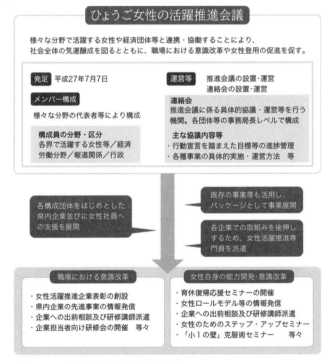

図1　ひょうご女性の活躍推進会議
　　出典：https://w-hyogo.jp/about/（最終アクセス日2020年1月10日）

　兵庫県でもこの取り組みを推進するため，「ひょうご女性の活躍推進会議」が全国よりいち早く，女性活躍推進法の半年前の 2015 年 7 月に設置された。県立男女共同参画センターに所属する「女性活躍推進専門員」が，直接企業に訪問し，女性活躍に関する様々な相談や支援にあたっており，多くのイノベーションが生まれている。

■ 兵庫県事例　ひょうご仕事と生活センター

　兵庫県には本章のテーマである女性活躍推進を含む多様な立場の労働者や企業を支援する機関がある。「仕事と生活のバランス」の取り組みを全県的に推進する拠点となり，2009 年 6 月に兵庫県，連合兵庫，兵庫県経営者協会と協働の下に開設されたひょうご仕事と生活センターである。

　センターの目的は「若者，育児や介護を担う人，女性，高齢者など一人ひとりが，各々の生活段階において，仕事と生活を調和させ，十分に能力を発揮できる社会の実現を図るため，仕事と生活のバランスの推進に取り組んでいます。」とされている。目的に示されている「仕事と生活の調和」はいわゆる WLB（ワーク・ライフ・バランス）を指す。WLB（ワーク・ライフ・バランス）の内閣府の定義は「国民一人ひとりがやりがいや充実感を感じながら働き，仕事上の責任を果たすとともに，家庭や地域社会などにおいても，子育て期，中高年期といった人生の各段階に応じて，多様な生き方が選択・実現できる社会」（2007，内閣府）である。女性活躍のみならず，少子高齢化による労働者不足や仕事と介護の両立においても必要な取り組みである。ひょうご仕事と生活センターでは下記の事業を実施している。

1. 啓発・情報発信　情報誌「仕事と生活のバランス」や学生向け先進企業事例集「WLB（ワーク・ライフ・バランス）な会社ガイド」の発行，ポータルサイトの運営等により，WLB（ワーク・ライフ・バランス）の普及啓発。
2. 相談・実践支援　企業や団体に向けた WLB（ワーク・ライフ・バランス）実現推進に向けたワンストップ相談，相談員派遣，研修の実施等，多種

多様な支援を実施。2013 年度からは，「ひょうご仕事と生活の調和推進企業宣言」並びに認定制度の創設，WLB（ワーク・ライフ・バランス）自己診断システムの提供もしている。2019 年 3 月時点で「仕事と生活の調和推進宣言企業」は 2044 社，仕事と生活の調和推進認定企業は 192 社，「仕事と生活のバランス表彰企業」は 97 社となっている。

3. 調査研究　WLB（ワーク・ライフ・バランス）を推進しようとする企業・団体等への提案力の強化を図るため，大学等研究機関との連携による共同研究をはじめとした調査研究活動の実施。

4. 企業顕彰　多様な働き方の導入や，仕事と私生活の両立の促進など，WLB（ワーク・ライフ・バランス）の実現推進のために先進的な取り組みを実施している企業・団体を表彰している。2010 年より毎年「ひょうご仕事と生活のバランス企業表彰」を実施。

5. 企業助成　WLB（ワーク・ライフ・バランス）の実現推進を支援するための各種助成金を用意している。

図 2　ひょうご仕事と生活センターのウェブサイト
出典：https://www.hyogo-wlb.jp/center/journal/guide（最終アクセス日 2020 年 1 月 10 日）

ひょうご仕事と生活センターでは、企業のワーク・ライフ・バランス(WLB)の取組を無料で支援しています。
企業ごとの現状・課題に沿った取組策をご提案し、取組の導入から効果の検証までワンストップで支援します。

図 3　兵庫県しごと・産業内「ワーク・ライフ・バランスの推進についてのウェブサイト
出典：兵庫県 https://web.pref.hyogo.lg.jp/sr05/ie10_000000075.html
（最終アクセス日 2020 年 1 月 10 日）

2　兵庫県におけるプロダクトイノベーションの事例

　プロダクトイノベーションとは、革新的な新製品を開発して、差別化を図ることである。ここでは、女性活躍を進めたことによって、商品やサービスにイノベーションが起きた兵庫県企業の事例を 2 社紹介する。

■ 株式会社横谷 [1]

本社：丹波市山南町和田 255
事業内容：畳の製造販売、畳材料の卸売業
従業員：29 名（男性 18 名　女性 9 名）
　　　　　（2019 年 5 月 31 日現在）

　日本の住宅から畳の間が減る一方で，フローリングの床に置いて使う軽量でコンパクトな「置き畳」（琉球畳）の需要が増えている。従来より，畳の製造販売を営んできた同社では市場を捉え2017年頃から「置き畳」の販売拡大を狙い，製造に従事する作業員を求人したところ，女性の応募が多くあった。製造過程において特に大きな力を必要とせず，所々で機械の助けを借りながら行う現在の畳製造は，女性／男性の隔てなく従事できる仕事である。また，短時間のパート勤務でも作業してもらえるため，女性従業員は畳の製造現場において重要な戦力となり，活躍している。

　また，従来の畳と違って柄や色のバリエーションが豊富な「置き畳」は，家庭内での購入決定権が女性であることが多い。そのため商品開発（サイズや柄・色の決定）や値段設定を行う上で女性の購買者の視点で意見を述べてもらい，商品開発に役立てている。このようなマーケティングプロセスの多様化の結果，「2018年度丹波すぐれもの大賞」を受賞した。[2]

　そして，現在は畳縁を活かした新商品，カバンや小物入れの布地材料として「たたみへり」が人気を集めている。

写真1　琉球畳（置き畳）の製品紹介のウェブサイト
　　　出典：http://yokotani.info/（最終アクセス日2020年1月10日）

写真2　畳縁の製品紹介のウェブサイト
出典：http://yokotani.info/（最終アクセス日2020年1月10日）

　また，2018年には販売促進の一環として「置き畳」を含めた畳関連商品の
ネット通販を開始した。店舗責任者（店長）は女性である。畳関連商品のネッ
ト通販では，利用/購入者が30代〜50代の女性が多いため，女性の視点で商
品選定や商品紹介を行うことができ，女性ならではのソフトな対応が好評を得
て，順調に販売数を伸ばしている。偶然入った女性視点をうまく活かし，時代
のニーズを捉えたことにより新しい製品開発を実現した。日本の文化の新しい
創造に貢献している。

■ 株式会社基陽 3)

　　本社：三木市別所町小林477-10
　　事業内容：安全保護具製造販売
　　従業員：37名（役員2名　男性13名　女性22名）
　　　　　　　　　　　　　　　（2019年6月20日現在）

　鳶職などの技も見た目もこだわる職人が使う墜落制止用器具（安全帯）・工
具袋・工具などを製造販売する株式会社基陽は，建設現場の男性職人用という
製品特性から長い間，男性中心の組織だった。作るのも売るのも，そしてユー
ザーも男性という業界に新風を吹き込んだのは2012年就任した女性社長の藤
田尊子氏である。藤田氏は特にライフステージが激変する女性が働きやすい職
場づくりに注力し，女性活躍推進にも積極的に取り組んだ。

　社内には，仕事の他に委員会やきょうだい会の活動もある。委員会は「コイビト」「ハピネス」「カイゼン」の3つが設けられ，各自の希望でいずれかに所属する。仕事とは別の視点で交流を深め，職場改善や「委員会で出たアイデアが商品化につながることもあります」と語る。きょうだい会は「効き脳」（各自が持つ脳の思考特性）でグループ分けし，相互支援を行なう会で部署・職歴・性別問わず交流の場となっている。

　また，ものづくりにも注力し，職人からの声を開発改良に活かしている。使わねばならぬ，という義務感からではなく，使いたくなるデザイン性を道具の機能に取り入れ，グッドデザイン賞等も複数受賞。カラフルな色使いやキャラクター付き製品，SNS の発信など，しなやかさを活かした事業展開が個人と組織の成長に繋がっている。

2016 年 8 月，ひょうご仕事と生活センター主催「仕事と生活のバランス企業表彰」受賞

2017 年 6 月，兵庫県主催「ひょうご女性の活躍企業表彰」受賞

2017 年 6 月，内閣府主催「女性のチャレンジ賞」を受賞

2018 年 1 月，第 4 回ホワイト企業大賞の特別賞「人間愛経営賞」受賞

2018 年 1 月，子会社の有限会社安琳も第 5 回ホワイト企業大賞の特別賞「愛あるモノづくり経営賞」受賞

　ハローキティの工具袋は，ヤフーのトップニュースにも出た事があり，女性の職人はもちろん，子ども向けのイベント，美容関係の方も使用されている。この製品群は，売上は見込んでいないアイキャッチ的な製品だが，展示会に出展すると来場者が増える。既存の代理店のお客様からは，「製品群が増え，ターゲットが広がった」「振り幅がすごい」と好評。そもそもの開発は，①職業ギャップを埋めたいという思いと，②国交省が女性の建設従事者を増やす施策を打ち出していたことが重なって，③モチベーションの上がるキャラクター，④女性に不動の人気のキャラクター，ということでハローキティを採用した。

写真3　KH工具袋
　　出典：株式会社基陽提供資料

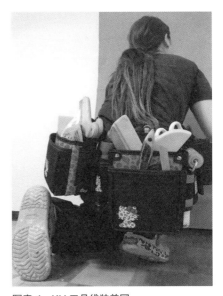

写真4　KH工具袋装着図
　　出典：株式会社基陽提供資料

写真5　KH工具袋，工具使用事例
　　出典：株式会社基陽提供資料

3　兵庫県におけるプロセスイノベーションの事例

　続いて2つ目の視点に移る。プロセスイノベーションとは，業務の過程・工程をこれまでの延長上にはない革新的，画期的な仕組みに改めることである。ここでは女性活躍を進めたことによって，業務プロセスや働き方の中にイノベーションが起きた兵庫県企業の事例を3社紹介する。

■ 株式会社エス・アイ [4)]

　本社：姫路市石倉26 - 3
　事業内容：データ入力・集計，アウトソーシング，コールセンター，ウェブ
　　　　　　制作・デザイン等
　従業員数：49名（男性6名　女性43名）
　　　　　　　　　（2019年6月現在）

　株式会社エス・アイ（以下，エス・アイ）が1991年の創業時に掲げた理念は「残業のない会社」である。創業社長である今本茂男社長は，ワーク・ライフ・バランスという言葉がなかった時代から，とにかく従業員の家庭や生活を大切にしたいという思いで，今までにない新しい働き方を取り入れた。その背景には社長自身が業務多忙でなかなかお子さんの看病に関われなかった経験が影響している。「家族を養うために仕事をしているのに，家族を幸せにできない働き方をしていてはだめだ！どんなことがあっても，残業なしを実現し，社員の幸せ・家族の幸せを実現する」という社長の言葉が経営の源泉である。その軸はぶれることなく，人が組織に合わせた働き方をするのではなく，組織が社員一人ひとりの希望に合わせた働き方を実践している。

　その代表的なものが「自由出勤制度」である。自由出勤制度とは，業務時間内の出退勤を自由に繰り返せる画期的な仕組みである。自由出勤制度ではコアタイムすらなく，いつ出勤・退社しても OK というルールである。一度家に戻

って用事を済ませてからまた出社，ということも可能なのだ。1 か月 168 時間以内，1 日 7.5 時間以内で自分の働く時間を自分の都合により設定できる理想的な出勤制度である。しかし例えば業務の繁忙期はどうするのかという疑問が生まれるだろう。そのような場合には忙しい時期に出勤し，調整して業務に当たってくれた社員には協調性ポイントを加算するという仕組みである。業務を滞りなく進めると共に社員間のバランスをとっている。自分の都合だけでなく，業務の情報共有をしながら，必要に応じて協力しあえる仕組みを作っている。

　また，従業員には非正規雇用者はおらず，全員が正規雇用されており，給与は賞与も含めて完全時給制である。エス・アイには 10 年かけて構築した全社の全業務を書き出して，分類した職種別評価マスターがある。職別評価マスターでは 135 種類の業務の内容と，業務ごとの単価が記されている。全ての細かい仕事の単価が決まっており，社員がどの仕事をどのくらい実施したのかが明確なのだ。評価に関しては，上長のみならず社員全員による評価表もある。時給は，実績をもとに半年ごとに見直しを実施するため，従業員の納得感は高い。自分ができる業務を増やそうと，レベルアップにも励むため，仕事の質向上にも繋がっている。実際に 8 年間毎回昇給している従業員もいる。

　どの業界も短納期・低価格の同業他社との価格競争が悩まされている企業が多いが，従業員のレベルアップから，「エス・アイはデータの精度が良い，納品時の質が高い」と評価されているため，価格競争にはならない。

　また，真のダイバーシティ経営は女性だけでなく，誰もが働ける職場を作ることだという。

　女性活躍推進はダイバーシティの中の 1 つに過ぎない。エス・アイでは，障がい者，就職困難な若者，高齢者など，多様な人生を積極的に雇用している。障がい者の仕事体験事業訓練の受け入れを行っており，職場には休憩のベッドも用意している。自由出勤というのは，自由休憩でもある。自分の体調や状況に合わせて自由に休憩できることで働ける人もいる。兵庫県が実施している中学生の就業体験プログラムであるトライやるウィークにおいても，引きこもりや不登校の学生を受け入れた実績がある。その学生がエス・アイにいる間，リーダーになった事例もある。障がいがあるから働けない，ひきこもりだから働けないと簡単に決めつけないで働き方を工夫したり関わり方を考えて対応した

りすることによって，働けることを実証している。自社だけでなく県内企業に
こういった受け入れを波及させたいという。同社には年間数十もの見学希望が
あり，国内外から多くの企業や経済団体の視察に丁寧に対応し，この理念を
伝え続けている。人の可能性は未知数だ。エイジ・フリー制度も導入しており，
年齢に関係なく，働く意欲のある従業員は，本人が希望する限り働き続けるこ
とができるため，現在77歳で働いている従業員もいる。

　様々なダイバーシティがあるが，性別だけでなく，年齢，障がいなど，それ
ぞれの事情を当たり前のように受け入れる風土がエス・アイにはある。この自
由出勤制度の導入や一人ひとりを受け入れる風土によって，いろいろな立場の
働きにくかった方の可能性を広げてきた。

　今本社長はこういう。「ダイバーシティ経営を進める上で大事なのは，アン
コンシャスバイアス（無意識の偏見）に気づくこと。」○○だからできない…
と勝手に思い込んだり，思考停止しないことが大事なのだ。コミュニケーショ
ンが苦手でもプログラミングが得意な人がいたり，聴覚障がいがあっても手話
ができれば問題なくコミュニケーションを取ることができる。働ける時間や希
望も様々であって当然であり，一人ひとりを大切にすること，お互いを理解し
あうことから，従業員の可能性が広がる。その結果，従業員の意欲や能力も向
上し，組織の発展にもつながった事例であろう。

　これまでの働き方の常識に縛られない。従業員一人ひとりの仕事と家庭を大
事にするために，どうしたらできるか。自社にあったやり方を工夫し改善を重
ねた中で言えることがある。

　「従業員の幸せが一番大事。一人ひとりが大切にされ，それぞれの事情や希
望を最優先する中で，自分たちの新しい働き方を作ればいい。これまでの画一
的な働き方，人が組織に合わせる働き方は人を幸せにするのだろうか？　組織
の発展に繋がるのだろうか？」今までの当たり前を疑い，ありたい姿を実現す
るために，できることをやっていくことで，働き方にイノベーションが生まれる。

2010年3月　ひょうご仕事と生活センター主催「仕事と生活のバランス企業
表彰」受賞
2011年11月　日本生産性本部主催「第5回ワーク・ライフ・バランス大賞」

奨励賞受賞

2013 年 3 月　経済産業省主催「ダイバーシティ 100 選」選出

2016 年 3 月　内閣府主催 2「子供と家族・若者応援団表彰」内閣総理大臣表彰
受賞

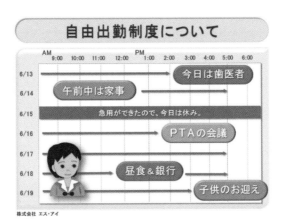

図 4　自由出勤制度
出典：株式会社エス・アイ提供資料

図 5　自由出勤制度の事例
出典：株式会社エス・アイ提供資料

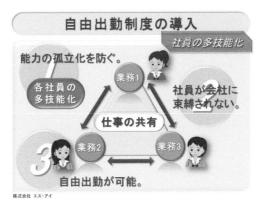

図6　自由出勤制度の意義
出典：株式会社エス・アイ提供資料

写真6　社内風景
出典：株式会社エス・アイ提供資料

写真7　社内に掲示されている標語
出典：株式会社エス・アイ提供資料

■ 株式会社オーシスマップ [5)]

本社：養父市八鹿町八鹿 1264 - 11

事業内容：地図情報コンサルタント（測量全般）

従業員数：58 名（男性 42 名　女性 16 名）

　　　　　　　　　　　（2019 年 4 月現在）

　さまざまな地理情報を盛り込んだデジタル地図の作成とシステム開発を手掛ける株式会社オーシスマップは 2001 年，農業が基盤の養父市八鹿町に誕生した。統廃合で空いた中学校の校舎を利用したオフィスが目を引く。

　一風変わった環境で働く従業員は，ほとんどが 20 〜 30 代の若者たちで構成されている。教室を改装したオフィスの中で，ずらりと並んだコンピューターに入力する様子は，まるでパソコン授業のようだ。かつての保健室は，従業員が持ち寄った玩具があふれる子ども部屋に変わった。子どもを連れて出勤しても，安心して遊ばせることができる。また体育館では，昼休みや終業後にソフトバレーやバドミントンを楽しむこともあり，廃校ならではの広いスペースで体を動かしリフレッシュをしつつ，メンバー同士のコミュニケーションも図っている。

　「地域とともに歩む当社にとっては最高の環境。最大のミッションは雇用を生み出すこと。」と語る大林会長。毎年，2 〜 3 人の新卒社員を採用しており，ここ数年は U ターン就職者が目立ってきている。従業員同士の話し合いを重視し，働きやすい環境づくりに力を注ぐ経営努力が躍進の原動力になっており，女性活躍にも熱心に取り組む。創業当初は，地域性や時代背景もあり，女性はアルバイト的な感覚で働いている社員もいたが，社員とアルバイトの言葉の壁を無くす為にも社員もアルバイトもオーシスメンバーと呼び名を変更した。女性メンバーも仕事を重ねる毎に責任ある仕事ぶりを発揮するようになり，そして数名の女性キーマンが仕事や会社行事等で引っ張ってくれ，女性メンバーの地位を確立していった。

　大林会長が，「女性メンバーの力が不可欠」「女性が活躍出来る場をつくっていきましょう」「女性にスポットをあて…」という風に会社全体へトップメッ

セージを発信したことで，女性か活躍への意欲が高まったことは大きい。従業員一同の意識が統一され，各課管理職との連携が進み，女性メンバーとの面談等ヒヤリング実施にも繋がった。その結果，各々がワーク・ライフ・バランスを実現出来るスタイルで，尚且つ限られた時間の中でも責任ある仕事を任せてもらえ，働きやすさと働き甲斐を実現している。その結果，パート社員で入社した女性が正社員となり→管理職となり→起業をし→雇用を生み出すといった流れで，地域を代表する女性社長になった事例も誕生している。

2006 年　ひょうご産業活性化センター　成長期待企業
2011 年　但馬産業大賞受賞　きらりと世界に輝く技術部門賞
2011 年　ひょうご仕事と生活センター主催「仕事と生活のバランス企業表彰」受賞
2011 年　兵庫県子育て応援企業表彰
2015 年　内閣府主催「チャイルドユース・サポート賞」受賞

写真 8　社内風景
　　　出典：株式会社オーシスマップ提供資料

写真 9　花見の様子，仲の良い社員たち
　　　出典：株式会社オーシスマップ提供資料

写真 10　社内図書館
出典：株式会社オーシスマップ
　　　提供資料

写真 11
社内風景，社内に子供が遊ぶことの
出来るスペースがある
出典：株式会社オーシスマップ
　　　提供資料

■ 株式会社フェリシモ[6)]

本社：神戸市中央区浪花町 59

事業内容：ダイレクトマーケティング

従業員数：839 名（男性 152 名　女性 687 名）

（2019 年 3 月現在）

　パートタイムを含む全社員の女性比率が約 8 割に上る同社は 1965 年創業の
ファッション，生活雑貨等を手掛ける通信販売会社である。女性が多い職場だ
からこそ，これまで育児と仕事を両立しながらも安心して働ける企業風土を育
んできたが，女性活躍の次のフェーズとして，働きやすさだけではなく，働き
甲斐の支援も積極的に行っている。

　本章では社員一人ひとりの多様性に期待し，活躍を推進する為，個人のキャ
リア支援にも積極的に取り組んでいる 3 つの事例を紹介する。

　1 つ目が中堅キャリア女性向けのキャリア研修である。女性がキャリアを継
続させるうえで，自分を支援してくれる人やビジネスを円滑に進めるためのネ
ットワークは不可欠であることが挙げられる。管理職ではないがこれまで働い
ていた経験を活かし，よりよい仕事に取り組めるような段階的な研修がある。

　2 つ目は中堅キャリア研修の現状から開発した社外メンター相談サービスで
ある。女性は仕事上のネットワークを活用することが苦手であったり，構築し
にくい環境にあることも少なくなく，メンター（助言者・相談者）やスポンサ
ー（引きあげてくれる上司）は，組織の暗黙のルールや見えない壁，ガラスの
天井を超えるために不可欠な存在なのである。この制度の特徴はそのメンター
の枠を社内だけでなく，社外にも広げ，別組織で働く経験豊富なメンターとの
出会いを実現したことにある。個別支援は確実に女性のキャリアを前進させる
と期待し，取り組みをスタートさせた。

　3 つ目はプロジェクトメンバーの約 8 割が女性社員の「若手チャレンジプロ
ジェクト」である。2019 年 1 月にスタートしたこのプロジェクトは 2 つのこ
とを目的に活動をスタートさせた。1 つ目の目的はサービスイノベーションで
ある。お客様・生活者をワクワクさせる「今までにない新しい！」を創造する

こと。そして２つ目の目的はキャリアストレッチである。キャリアストレッチとは，失敗を恐れずに 積極的に，少し背伸びをするような仕事に挑戦することである。背伸び（ストレッチ）経験こそが自分を成長させてくれ，自分ができることが増えることが自身にも繋がっていくのだ。女性社員が自分自身の成長や変化の機会とし，“フェリシモ”と“わたし”に成長と変化を起こすことである。このプロジェクトを通して同社は，社内予算を確保し，若手目線で今までにない新しいイノベーションを生む出すことにもチャレンジしている。

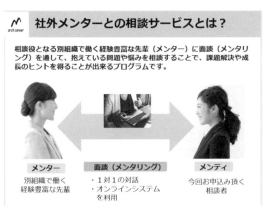

図７　社外メンター相談サービスの概要
出典：NPO 法人アーチ・キャリア提供資料

図８　社外メンター相談サービスの意義
出典：NPO 法人アーチ・キャリア提供資料

写真 12　社内風景
出典：株式会社フェリシモ提供資料

　プロダクトイノベーション，プロセスイノベーションを中心として事例の一部の紹介をしたが，これらの取組の背景には，働きやすさといった福利厚生だけではなく，多様な価値観・個性を尊重し，一人ひとりが自身の力をフルに発揮できる風土や働き甲斐がある。

4　むすび

　私は 2003 年から女性活躍の支援に関わっている。コンサルタントとして西日本地区の中小企業にてワーク・ライフ・バランス導入支援研修や働き続けやすい職場作り・活力ある組織作り，自立した組織作りの研修およびワークショップを実施してきた。本章で紹介した企業をはじめ様々な組織の診断，キャリアデザイン研修やコミュニケーション研修などで「人間関係構築力」と「自立力（＝自ら考え未来を切り開く力）」を養うことを目的としたプログラムの現場で女性活躍推進やダイバーシティの導入や発展に尽力してきた。そして，今，やっと女性活躍は 3.0 まで進んできたと感じている。
　女性活躍 1.0 の時代は，男女雇用機会均等法の頃を指す。女性差別をなくそ

うと法整備が進められた。しかし，働き方が長時間労働のできる男性中心とし
たままで変わらなかったため，女性活躍はなかなか進まず，その後，女性活躍
2.0 では両立支援が行われた。いかに働き続けられる制度整備を行うかが問わ
れ，法や制度構築が進んだ。このことによって制度は整い，働き続けやすくは
なった。しかし働きやすいだけではイノベーションは起きない。働き続けてい
る人が働き甲斐を感じること。様々な経験や意見を出せ，そして組織で影響力
を発揮しよう，自分のフィールド，可能性を広げていこうとするマインドがあ
ることと，それを支援する，あるいはそういった機会を提供する組織側の関わ
り方も重要である。

　多様な人々の経験や価値観を尊重し，お互いを認め合い受け入れることで，
意見の対立や違いを力に変える前向きな風土が醸成されることがイノベーショ
ンを生む土台になる。

　組織にとっては，活発な意見の交換から革新が生まれ，魅力のある商品やサ
ービスを生まれる等，より高い価値を創造することができる。それにより，多
様化するお客様のニーズに応えることができる。また，その過程の中で，自分
自身への気づきが生まれたり新たな視点を手に入れたりすることができ，自身
の更なる成長に繋がり，個人のキャリアも開発されていく。

　女性をはじめとする多様性のメリットは，様々な意見や力が発揮され，お客
様のニーズに応える創造価値に繋がることである。女性が働きやすい職場は誰
もが働きやすい職場でもあり，真のダイバーシティ＆インクルージョンのスタ
ートでもある。

【注】
1）株式会社横谷
2018 年度兵庫県の「女性活躍地域セミナー（丹波）」（2018 年 2 月 28 日）における座談会「女
性活躍の推進に向けて」にて，筆者は座談会のファシリテーターを担当し，パネリストとし
て株式会社横谷をお迎えした。本章の取り組みに関する記述の多くは代表取締役香良氏への
打ち合わせやインタビュー調査，及び当日ご発表いただいた内容を再構成したものである。
2）丹波すぐれもの大賞
地元企業の優れた企画・技術力を広くアピールし，地域の産業を活性化するため，2011 年か
ら丹波県民局が行っている表彰制度。

３）株式会社基陽

本章の取り組みに関する記述の多くは 2019 年 6 月の常務取締役山下氏への電話インタビュー調査に基づくものである。

４）株式会社エス・アイ

本章の株式会社エス・アイの取り組みに関する記述の多くは 2019 年 6 月に同社に訪れ，代表取締役今本氏，専務取締役家永氏のご協力の下で実施したインタビュー調査に基づくものである。

５）株式会社オーシスマップ

2018 年度兵庫県の「女性活躍地域セミナー（但馬）」(2018 年 3 月 14 日) における座談会「女性活躍の推進に向けて」にて，筆者は座談会のファシリテーターを担当し，パネリストとして株式会社オーシスマップをお迎えした。本章の取り組みに関する記述の多くは代表取締役大林 賢一氏への打ち合わせやインタビュー調査，及び当日ご発表いただいた内容を再構成したものである。

６）株式会社フェリシモ

本章の株式会社フェリシモの取り組みに関する記述の多くは 2019 年度に弊社及び NPO アーチ・キャリアが実施したプロジェクトの内容を同社の許可を得て掲載するものである。

《参考文献》

• 公益財団法人兵庫県勤労福祉協会ひょうご仕事と生活センター（2017）『ＷＬＢのすすめ～ひょうごの先進企業事例集～』

コラム 大学生の「一日パパ・ママ体験！」が目指すもの

谷 美樹（神戸新聞社地域総研企画調査部）

「子どもが苦手で，結婚もしないと思っていた」。3 年前，神戸新聞子育てクラブ「すきっぷ」のスタッフに，そう話す女子学生がいた。

核家族化や少子化に伴い，若い世代が子どもと触れ合う機会は少なくなっている。身近なところにモデルがなく，「育児・子育て」のイメージが持てないまま，不安だけが先行してしまう人もいるだろう。

社会に出る前の学生時代に子どもと触れ合う機会があれば，彼女たちに何か変化が生まれるのではないか。子どもと向き合う体験を通し，結婚や育児を考えるきっかけにならないか。そんな思いから「すきっぷ」は 2016 年，兵庫県と連携し，大学生が子育て中の家庭を訪問し，育児を体験する「一日パパ・ママ体験！大学生の子育て訪問」事業をスタートさせた。

事業を円滑に進めるには，大学との協力は欠かせない。「すきっぷ」は神戸大，兵庫県立大，甲南女子大，兵庫教育大など，子育て支援に熱心に取り組む大学と，さらには地域の子育て支援団体などと一緒に「大学生結婚・子育て未来体験連携会議」（事務局・神戸新聞社）を設置。事業に協力してくれる家庭の掘り起こしや，大学生の結婚意識に関する分析，提言の取りまとめなどを行っている。

事業の成否を決めるポイントは幾つかあるが，一番は，学生と子育て家庭のマッチングだと考えている。幸い兵庫県内には「地域子育て支援拠点」を運営している大学が幾つかある。それらの大学に協力を呼び掛け，多くの学生や受け入れ家庭を募ることができた。

「一日パパ・ママ体験」の中身だが，学生は訪問日が決まったら，まず，事前に訪問する家庭の子どもの様子を保護者にヒアリングする。次に，子どもと一緒に遊ぶ玩具や絵本を購入する。玩具などの購入費は事務局で負担する。当日は，持参した玩具などで子どもと遊び，保護者と相談しながら，抱っこや食事のお世話など育児を体験する。もちろん，このとき，結婚，育児，仕事との両立などについて，日ごろ不安や疑問に思っていることを保護者にぶつけても構わない。

参加学生にアンケート調査を実施

したところ、「体験後、育児に対する不安が軽減された」と回答した学生は81%にのぼった（回答はいずれも2017年度調査）。軽減した理由について、「保護者が幸せそうだった」「仕事と育児がバランスよく両立できるということを知り、勇気づけられた」。また、「保護者から、子どもがいると毎日新しい発見があると聞いて、未来への不安より今の瞬間を大事にしていけば良いと感じた」と回答する学生もいた。回答の多くから、子どもとの触れ合い体験だけでなく、子育て家庭での普段の親子の様子を観察することや、保護者の実体験を聞くことが、学生の意識に大きな変化を与えていることが分かった。

また、結婚に対するイメージも尋ねたところ、「良くなった」と回答した学生は78%にのぼった。「一日パパ・ママ体験」が、育児や結婚のイメージの向上に効果があることが分かり、事業に取り組む私たちの大きな自信につながった。

一方、この事業は受け入れ家庭にも影響を与えていた。保護者へのアンケート調査に対し、「学生が真剣に話を聞いてくれるので、自分の子育てを肯定でき、自信や喜びに繋がった」「学生と交流することで、子育て中に感じる周囲からの孤立感が和らいだ」など

と答える保護者もおり、学生との交流が保護者にとっても少なからず良い効果をもたらしていることが分かった。

「すきっぷ」では、こうした調査結果や学生自身の体験レポートを、神戸新聞の紙面、ウェブサイト、ラジオなどで発信しており、より多くの若者に、「一日パパ・ママ体験」の周知を図っている。

さて、冒頭に紹介した彼女だが、「一日パパ・ママ体験」の後、次のように語ってくれた。「体験で子どもと遊ぶのは非常に楽しく、なぜか癒された。訪問後、子どもが名残惜しそうに見送ってくれて嬉しかった。結婚や育児について前向きにとらえられるきっかけになった」。

若い世代にとって、子どもを産み、育てることが自分自身の大きな喜びとなるような、また、そうした彼女・彼らをしっかり支える社会づくりのために、私たちはこの事業をさらに充実させていきたいと思っている。

訪問先の家庭で子どもと遊ぶ大学生
出典：神戸新聞社資料

第 **5** 章

障がい者という視点とイノベーション
～ 優れた製品開発を行い発展した
障害者就労支援事業所の事例から ～

竜 聖人
兵庫県立大学地域創造機構

様々な障がい，生活上の困難やリスクを抱える人々を包摂するインクルーシブな社会を構築する重要性が高まっている。本章では，障がい者だけでなく，健常者の日常生活においても欠かせないICT技術において，障がい者の視点を取り入れながら，優れた製品開発を行っているという点で先駆的な障害者就労支援事業所の事例を取り上げ，事業的・組織的な発展プロセスやその要因，障がい者の視点からの製品開発の意義やイノベーションとの関係性について考察するとともに，障害者就労支援事業所における職場マネジメントが他企業などにおける働き方改革に与える示唆についても考察する。

キーワード

インクルーシブな社会　障がい者の視点　製品開発　社会的企業　IoT

1　インクルーシブな社会の発展に必要な　　　イノベーション

　様々な障がい，生活上の困難やリスクを抱える人々を包摂するインクルーシブな社会を構築するための歩みを前に進めることの重要性が高まっている。例えば，国連の「障害者の権利に関する条約」の締結に向けて，事業者に障がい者に対する合理的配慮の提供を義務付ける「障害者差別解消法」が制定されるなど，国内の法律レベルでもそうした動きが進んでいる。

　一方で，そうした福祉的方向性だけでなく，本書の主題であるイノベーションという面からみると，障がい者の視点を取り入れることは，企業の製品開発などにプラスの影響を与え，イノベーションを導きうるという意味でも重要である。例えば，スウェーデン発祥の雑貨家具店「IKEA」の商品開発においては，障がい者にとっても使用しやすい商品であるかという検討がなされており，そのことも 1 つの要因として，シンプルかつ美しく，機能的なデザインの商品が生み出されている。その他にも，1990 年代後半に入り日本でも知名度を上げたイームズチェアは，戦争中に足をけがした人々のために，従来の金属製の添え木から合板を使用するという発想転換を行ったことから現在のデザインの原型が生まれたものであることなどは広く知られている（竹村，2017）。

　また，インクルーシブな社会を発展させていくためにも，それと持続的な経済活動を結びつけていく取り組みが必要である（池田，2017）。この点においては，例えば障害者就労支援事業所の好事例（工賃の大幅な上昇が判断基準の 1 つ）を生み出す条件として，顧客を意識した製品・サービス開発，企業をはじめとする他者との技術提携，独自の販売・営業戦略，利用者の育成・モチベーション維持の工夫といった要因が指摘されている（池田・高山・古瀬，2014）。ただし，ここであげられる条件は，就労支援事業所にとどまらず，成長を目指す企業においても重要なことでもあるように思われる。

　本章では，これらの視点を基礎に，障がい者だけでなく，健常者の日常生活においても欠かせない技術となった ICT の分野において，障がい者の視点を取り入れながら，優れた製品開発を行っているという点で先駆的な障がい者の

就労支援事業所である「アイ・コラボレーション神戸」を取り上げる。それを通じて，革新的な取り組みを行う組織の発展プロセスや障がいという視点を製品開発に取り入れることの意義，障害者就労支援事業所における職場のマネジメントが企業などにおける働き方改革に与える示唆などを考察する。

アイ・コラボレーション神戸（以下，アイ・コラボ神戸）の概要を記しておくと，ウェブサイト制作，システム開発のノウハウを基に，障がいを価値としてユニバーサルデザイン対応の UI（ユーザーインターフェース）設計や開発，ウェブサイトのアクセシビリティ評価などを主な事業とする，神戸市中央区に所在する NPO 法人であり，神戸市から就労継続支援事業所の中のA型に認定されている事業所でもある。さらに，アイ・コラボ神戸は，ウェブ制作などの業務と並行して，開発当時は画期的であったホームページの読み上げソフトやウェブのアクセシビリティ評価，ユーザー評価といった事業，障がい者自身が開発もしくは障がい者が参画する商品開発のプロジェクトの実施などを行っている。こうした組織的，事業上の発展は，彼らがビジネス的なチャンスを感じ取りつつ，自らが価値を創造することを目指し，画期的な製品の開発やイノベーションを目指す商品開発のプロジェクトを行うことで進んでいる。

本章では，こうした革新的な製品や取り組みを行うアイ・コラボ神戸の事業的，組織的な発展がどのように可能となったのかということと，また，障がい者の視点を生かす，または取り入れて製品開発を行うこととイノベーションとがどのように関係するのかということを考察していきたい[1]。

2 社会的企業という分析の視点

公共性の高い課題を企業的な視点を取り入れて，革新的な製品，事業によって解決する主体を捉える際の1つの概念として，社会的企業という概念が用いられることがある。この社会的企業という概念に注目が集まるようになったのは，1980年代の欧米諸国において，経済的低迷や財政状況の逼迫から，コミュニティの衰退が生じたり，政府が行政サービスを縮小したりするという事態

が起こったことに理由があった。それにより，失業問題，ドラッグ，家庭崩壊，教育といったさまざまな社会的課題が噴出するようになる中で，その解決に向けて動いた主体に対して，1990年代以降，社会的企業や社会的起業家といった呼称が与えられるようになった。ここで社会的「企業」や「起業家」という言葉が用いられたのは，課題解決に対して一定の成果を収めた主体に，企業や起業家的な特質が多く見られたからであった（平塚，2006）。

こうした社会的企業や社会的起業家の厳密な定義などは論者によって異なるが，①適切なヴィジョンのもと，新たな製品や生産方法を通じて，新たな市場を開拓する，②起業やビジネス上の機会を適切に認識する，③事業パートナーやコミュニティとの間に適切な形でネットワークを形成するといった点に特徴がある（Timmons, 1994; Henton et al., 1997; Dees, 1998; DEMOS, 1999; Borzaga and Defourny, 2001）。

こうした社会的企業，社会的起業家の特長が示される中で，その発展プロセスという点に注目している点で，イギリスのシンクタンク DEMOS（1997）の指摘は興味深いものがある。さらに，彼らの提示するモデルにおいては，そのプロセスが単に段階的に示されているだけでなく，段階ごとの目標・失敗要因が提示されており，分析を進めるにあたって有用な点が多い。

具体的に，DEMOS は，社会的企業の成長段階には，①社会資本の形成期，

図1　社会的企業のライフサイクル
出典：DEMOS（1997）p.72 を基に筆者作成

②社会資本の投入期，③社会資本の配当期の３つの段階があるとしている。第１段階では，ミッションの設置やコアメンバーの採用，物的資源の確保が目標であり，不適切なミッション，スタッフが失敗要因になる。第２段階では組織の成長や新たな事業・顧客・パートナーの獲得が目標，急激なミッション拡大や不適切な事業構成が失敗要因となりうる。第３段階では更なる成長への基盤の安定化が目標とされ，失敗要因は事業の停滞や後継者の不在があげられる。

　本章では，社会的企業やその運営者の資質やマインドセット，発展の段階を考察の鍵的概念としながら，アイ・コラボ神戸の組織的発展の流れをまとめたい。

3 アイ・コラボレーション神戸の 発展プロセスと職場マネジメント

■ アイ・コラボレーション神戸の発足

　アイ・コラボレーション神戸は，アイ・コラボレーショングループの１つの共同事業所として，職員と利用者５名で設立，ウェブ制作の受注などの事業を開始し，2005年に小規模作業所として神戸市に正式に認可された。2019年7月現在，職員は，理事長の板垣宏明氏，理事・サービス管理責任者の北山朋子氏，それと職業指導員，生活支援員として勤務されている方の４名である。利用者は11名で，事業所に通勤する利用者が６名，在宅ワークでの利用者が５名であり，計15名がスタッフとして働いている。理事長の板垣氏含めて12名のスタッフが障がい者である。

　アイ・コラボ神戸は，アイ・コラボレーショングループという，神戸市以外に滋賀県草津市，甲賀市信楽町，犬上郡多賀町，高島市，三重県伊賀市，京都府京都市に障害者就労支援事業所を展開するグループ内の１つの作業所である[2]。アイ・コラボレーションは，脊椎損傷者などからなる有志が2000年に草津市でホームページ作成などを請け負う共同作業所を設立したところからスタートしたグループであり，ITを用い障がい者と健常者が共に協力しあって働くことを理念として，障がいを持っていても自己の能力を開発・発揮して社会参加し，社会貢献することを目標として事業展開している。アイ・コラボレ

ーションという名前について，Iは，情報（INFORMATION）・インターネット（INTERNET）・相互作用（INTERACTIVE）・独立した（INDIVIDUAL）・わたし（I），COLLABORATION は，協力し合って仕事をするという意味が込められており，「サイバースペースにバリアはない」をキーワードに，活動を行っている[3]。

　2006 年に障害者自立支援法が施行されるにあたって，従来の共同作業所が，継続型就労支援作業所におけるA型事業所，B型事業所，または就労移行支援事業所の区分されることになり，それまで共同作業所であったアイ・コラボ神戸は，神戸市から継続型就労支援作業所の中のA型事業所として認定を受け，職員・利用者も 10 名に増員した。A型事業として申請を行ったのは，アイ・コラボ神戸では，作業所時代から利用者に最低賃金以上の工賃を支払っており，また，在宅勤務を積極的に取り入れたいという思いが強かったことが動機としてあった。作業所時代の初めごろは，北山氏がフリーランスのころから受託していた業務を，納期を伸ばして単価を落とす形で利用者に振り当てるといったことも行っていたそうであるが，徐々にアイ・コラボ神戸として仕事を受注する量が増えていった。ウェブのアクセシビリティに関心があるが，そうした対応を行う他のウェブサイト制作会社の価格では高いと考えていた自治体に，アイ・コラボ神戸の場合，一般的なホームページ制作とあまり変わらない値段でアクセシビリティ対応のウェブサイト制作を行うことが知られていったからであった。

■ 転機となったホームページ音声読み上げソフト「みんなのとーくん」の開発

　このように業務が拡大する中，アイ・コラボ神戸の活動における 1 つの画期となったのが，2008 年に制作した「みんなのとーくん」というソフトウェアであった。「みんなのとーくん」は，ホームページの音声読み上げソフトであり，その最大の特徴は，企業のホームページにソフトを組み込めば，そのユーザーがソフトをダウンロード・インストールせずに使用することができることにあった。このソフトを組み込むことで，企業などのサイトの画面上に「音声操作パネル」が表示され，再生ボタンを押すと，指定された文字部分が音声で読み

上げられる仕様になる[4]。また，人の音声を録音・解析して音声合成を行っているために，実際の人の声に近く，聞き取りやすい点なども当時の音声読み上げソフトとしては，非常に画期的なものであった。

当時の自治体や企業のホームページでは，音声読み上げへの対応としてホームページ内部にダウンロードするタイプのソフトウェアを示すという形がとられていることが多かった。また，当時はスクリーンリーダーなどの音声読み上げソフトが有料であったり，説明などの文字も含めて作成した画像ファイルを貼り付けて作成しているために，スクリーンリーダーなどの音声読み上げソフトでは読み込めないホームページが多かったりしたことから，ホームページに音声読み上げソフトを組み込む形のソフトウェアを開発することに大きな意義があった。

図2　みんなのとーくんの製品紹介 HP
出典：アイ・コラボ神戸のウェブサイト
https://www.ickobe.jp/to-kun/howto.html
（最終アクセス日 2019 年 7 月 6 日）

　アイ・コラボ神戸がこうした製品の開発を行うこととしたのは，例えば，自治体にアクセシビリティの重要性を説くが，なかなかとりあってもらえないということが背景にあった。国が 2004 年に高齢者・障がい者に対するウェブのアクセシビリティに関する日本工業規格（JIS 規格）を公示し[5]，アクセシビリティ向上への環境づくりが進み始めていたものの，JIS 規格に則っていなくとも罰則があるわけでもないため，自治体や企業の対応は十分に進まなかった。

　こうした中で，アイ・コラボ神戸では，自ら音声読み上げソフトの制作を行うことを考えるようになった。そして，アイ・コラボ神戸は，障害者自立支援法の制定・施行を機に，厚労省が進めていた平成 19 年度障害者保健福祉推進事業（障害者自立支援調査プロジェクト研究）の一般公募枠に，事業連携先とともに「就労継続支援（A 型）の経営力強化のための産学連携モデル研究事業」として事業申請を行う[6]。そして，その申請が採択され，みんなのとーくんの開発が本格化することになった。

　事業の連携先や実施内容としては，障がい特性に応じた専門性を生かした商品の企画・開発をアイ・コラボ神戸が，技術シーズの仲介を財団法人新産業創造研究機構（NIRO）が，技術協力を国際電気通信基礎技術研究所（ATR）や株式会社 AI が，事業戦略立案までのマーケティング支援や委託販売を京都リサーチパーク（KPR）が担うことになった。

　ソフトウェア開発後，みんなのとーくんは，大阪ガスでの試験導入を皮切りに神戸市や市内の各区，市議会をはじめとする神戸市の公的機関のホームページへの導入が進んだ。そして，後には，神戸市を超えて，広島市役所，福岡県議会，東広島市役所，複数の民間企業にも導入された。

　ここで 1 点指摘しておきたいのが，みんなのとーくんの開発といったアクセシビリティ対応に重点を置いた製品開発が，アイ・コラボ神戸の経営戦略ともつながっていたことである。一般的なウェブサイト制作だけだと競合他社とは単価勝負になってしまい，アイ・コラボ神戸が競争に勝つことは難しいが，アクセシビリティ対応なら勝負ができる。そして，アクセシビリティ対応に力点を置くことで，この後のビジネスチャンスの獲得につながっていくことにもなる。

■ 事業の柱となったアクセシビリティ診断

　アイ・コラボ神戸にとって，ホームページのアクセシビリティ診断は，現在最大の収益をあげる事業の柱となっている。この背景には，2004年に策定されたJIS規格が情報通信技術や環境の変化から，2010年8月に「JIS X 8341 − 3：2010」として改正されたことがある。この改正時に，アクセシビリティについての配慮に，3段階の達成等級が設定された。等級Aが最低限の要求事項であり，その上位がAA，さらに上位がAAAという等級である[7]。この等級は61の達成基準のうち，それをどれだけ満たしているかということで判断される。61項目のうち特定の25項目の達成基準を満たすと等級A，38項目（等級Aの25項目に加えて特定の13項目）を満たすと等級AA，61（等級AAの38項目に加えて23項目）すべての項目を満たすと等級AAAの評価となる。Aは例えば，非テキストコンテンツの達成基準として，「利用者に提示されるすべての非テキストコンテンツには，同等の目的を果たす代替テキストを提供しなければならない」など，最低限満たさなければ，利用者に大きな影響を与えるような重要な達成基準となっており，AA，AAAとなるにつれてその達成難易度が上がっていく（山田，2011）。

表1：「JIS X 8341 − 3：2010」の達成基準の区分と達成等級

区分	項目数	達成基準の例
等級A、等級AA又は等級AAAで適合する場合に満たすべき達成基準	25	非テキストコンテンツ
		色の使用
等級AA又は等級AAAで適合する場合に、上の25項目に加えて、満たすべき達成基準	13	ライブの音声コンテンツのキャプション
		画像化された文字
等級AAAで適合する場合に、上の38項目に加えて、満たすべき達成基準	23	収録済みの音声コンテンツの手話通訳
		ライブの音声しか含まないコンテンツの代替コンテンツ

出典：山田（2011），p.26

　さらに，総務省はこの JIS 規格改定に合わせて，公的機関がウェブアクセシビリティの確保・維持・向上を進めていくために「みんなの公共サイト運用モデル」を公表した。その上でこの運用モデルに基づいて，総務省は自治体に対し，ウェブコンテンツに対して，2017 年度末までに 2010 年の JIS 規格上で AA レベルに準拠させ，さらにそれ以降もそれを守るよう要請し，そのための試験実施，結果公表を求めた。

　こうした機会の到来によって，アイ・コラボ神戸にとって，アクセシビリティ診断が収益上の大きな柱となる事業となった。また，アクセシビリティ診断の経営上の重要性は，この時期になると音声読み上げソフトは無料のものが主流になるなど，経営を取り巻く環境が変化したことなどとも関係して増すこととなった。加えて，アイ・コラボ神戸がアクセシビリティ対応については，もともと行ってきた事業であり，実績を有していたことも，アクセシビリティ診断の仕事を受注できる理由である。

　そして，ホームページのアクセシビリティ診断を受注している神戸市，豊中市のウェブサイトは，2010 年の JIS 規格改定から，再度改定がなされた 2016 年の JIS 規格に基づいた「みんなの公共サイト運用ガイドライン」で，好事例として掲載されるなど，高い評価を受けている[8]。

■ ユーザー評価・実証実験のノウハウ蓄積がもたらした事業拡大

　ウェブアクセシビリティ診断の業務を行う中で，ユーザー評価のノウハウを蓄積することができたということも，アイ・コラボ神戸の事業の拡大にとって大きな意味をもった。

　JIS 規格の項目の中には，製作者側の判断ではなく，高齢者・障がい当事者からのユーザー評価を求める項目がある。ただ，このユーザー評価の項目は等級 AA の達成基準には含まれていないため，ユーザー評価までを行う自治体は多くない。しかし，アイ・コラボ神戸が業務を受注する神戸市はユーザー評価まで実施しており，そうしたユーザー評価の業務を進めていく中で，アイ・コラボ神戸は高いレベルでユーザー評価，その過程で行う実証実験に関するノウハウを蓄積することになった。

　そして，この実証実験のノウハウの蓄積が新たなプロジェクト，仕事の受注にもつながっている。例えば，そうした事業として，Export Japan 株式会社と神戸ライトハウスが協力して行った，QR コードを利用した印刷物のユニバーサル対応事業をサポートしたことがあげられる。

　アイ・コラボ神戸は，同じ神戸市の視覚障がい者の自立支援団体である神戸ライトハウスより，新しい事業展開に関する相談を日頃から受けていたそうである。神戸ライトハウスでは事業の1つとして，視覚障がい者向けに自治体や金融機関が出す印刷物に利用されていた SP コード販売の代理店を務めていたが，ただ，SP コードは専用の読み上げ装置が必要であり，それを所有している人が必ずしも多いわけではないという問題があった。

　それを克服するという意味で，アイ・コラボ神戸は神戸ライトハウスに，QR コードで音声読み上げを行うソフトの開発や Export Japan とコンタクトをとることを提案した。Export Japan は，多言語でのウェブ制作やプロモーションを行っている企業である。このとき，アイ・コラボ神戸と Export Japan がつながりを持っていたわけではないが，Export Japan がインバウンド向けに「QR Translator」という IT ソリューションを開発していたことを知ったことからその提案を行った。なお，「QR Translator」は，印刷物やインフォメーションボードなどにそれを説明する QR コードを印字することで，その内容がスマートフォンの設定言語に翻訳されてコードをスキャンしたスマートフォンに表示する IT ソリューションである。

　そして，神戸ライトハウスが Export Japan とコンタクトを取り，連携が決まり，さらに，アプリ開発に向けて，国立研究開発法人新エネルギー・産業技術総合開発機構（NEDO）の助成金を申請することとなった。その中で，障がい者による実証実験の必要性が高まったが，両者ともそのノウハウを持っているわけではなかった。そこで，そのノウハウを持っていたアイ・コラボ神戸が，全国150人の障がい者に実証実験を行うこととなり，このころから実証実験を企業と共同で実証実験を行うことも重要な事業と位置づけられるようになった。

　ほかにも，実証実験を伴う事業としては，神戸市北区の高齢者・障がい者を対象とした福祉サービス施設や宿泊施設などを含む総合公園である「しあわせの村」のナビゲーションアプリ，「だれでもナビ」の開発事業もあげられ

る。このアプリ開発事業に，アイ・コラボ神戸が携わった流れとしては，しあわせの村から，神戸市の街づくりや情報通信技術の発展を図る活動を行っているNPO法人のコミュニティリンクと地理情報システムや物流などの分野でITソリューションを提供する企業であるGeorepublicにアプリ開発の依頼があり，両者から，アイ・コラボ神戸に実証実験などへの協力の依頼があったということである[9]。

　ユニバーサルなマッピングアプリを作成するうえでは，ルートの実際の状況を詳細に把握する必要がある。例えば，手押しの車いすの場合，ちょっとした段差，隙間などができているだけでも通行が困難になることがあったり，点字ブロックが設置されていても，経年劣化や通行による摩耗で利用しづらくなっている場合があったりするからである。こうしたことから，アプリ開発にあたっては，障がい者を入れたグループで現地調査を行った。

　具体的なアプリ作成に当たっては，Georepublicがオープンストリートマップ（OSM）を利用して主に開発を行った。また，開発段階では，車いす利用者，視覚障がい者，高齢者，大学の研究者（弱視の方への配慮）が参加する作業部会を開き，その意見をアプリに反映させた。このアプリは，UI（ユーザーインターフェース）設計＆デザインの観点から，車いす利用者や身体障がい者，視覚障がい者，聴覚障がい者，乳幼児・子どもと一緒に利用する方，外国人向けに設定を選択することができるようになっている。

　ここまで見てきたような実証実験の経験やネットワークを蓄積してきたことが，アイ・コラボ神戸の新しい取り組みにつながっている。

■ 思いにより実現した主催イベント「アイディアソン・ハッカソン」

　アイ・コラボ神戸は2018年8月から2019年6月にかけて，視覚障がい者と企業が連携して商品開発を行う「アイディアソン・ハッカソン」というイベントを主催した[10]。具体的な連携企業は，神戸デジタルラボ（神戸市），TOA（神戸市），アシックス（神戸市），クラスメソッド（東京都）塩野義製薬（大阪市）である。

　このアイディアは，ユニバーサル設計の製品などが増えてきたけれども，当

事者の意見を聞いてないために不具合があるといったことを，板垣氏らが日常的に感じていたことが背景にはあるが，先ほどの神戸ライトハウスや Export Japan と協働した印刷物のユニバーサル対応事業において行った視覚障がい者に対する実証実験の中で芽生えたものでもあった。QR コードの読み取り体験を実際に行ってもらい，どのような商品についていたら便利かといった質問をすると，対象者から漠然としたアイディアではなく，具体的なアイディアが出て，中には本当に製品を作りたいという方もいるなど，議論が活性化したことがあったそうである[11]。

　そうした意見を聞く中で，技術がなかったり，ビジネスの経験がなかったりする人たちを支えることができたらという思いがつのり，これまでの事業展開の中で培ったネットワークを生かしつつ，さらにアクセシビリティ業界の関係者や新たに企業と参加の依頼交渉を行うことで，アイディアソン・ハッカソンはスタートした。企業側には，意見やニーズが合う当事者を引き合わせ，さらに商品開発を行うことができる人材を募った。

　例えば，アシックスについては，当事者の方が，「足は視覚障がい者にとって第2の目なので何か作るなら靴がよい」ということで参加交渉を行ったそうである。そして，塩野義製薬は，前述の印刷物のユニバーサル対応の際の実証実験の中で，文字の大きさなど薬の箱のデザインに対する不便さが指摘されていたことから参加依頼を行った。塩野義製薬とは，「アクセシビリティの祭典」というアイ・コラボ神戸が 2015 年から主催している，新しいアクセシビリティ技術を体感するイベントに塩野義製薬が来場していたことから，つながりがあった。また，AI スピーカーを利用することに関心があった当事者には，音声 AI 技術に強いクラスメソッドを引き合わせた。

　そして，このアイディアソン・ハッカソンの実施の際に，アイ・コラボ神戸が掲げた目標が，「なにがなんでも作って，少なくとも1つは事業化すること」であった。参加した当事者には，当事者がアイディアを出すこと，クラウドファンディングなどを利用して製品を作りきることを求めた。

　こうした取り組みを通じては，当事者が知らず知らずのうちに多くのことを我慢していることに気づくことにもつながり，また，できないではなくて，できることがいっぱいあるという考えを出発点にすることで，アイディアが出や

すくなったそうだ。一方で，当事者は，言っても仕方がないと思っていたり，無意識のうちに我慢したりしているところがあることから，当事者のことを親身に考える開発者の存在も重要であることがわかったそうである。

　具体的な商品案として，最終報告会では，①スマホアプリを通じてバスの降車ボタンに取り付けたボタン押し代行ロボを作動させて，降車ボタンを押すIOTバス降車サポート（神戸デジタルラボ），②AR（拡張現実）を使った音声案内システム（TOA），③歩行誘導のために振動する装置を靴に取り付ける靴センシング（アシックス），④AIスピーカーに話しかけ，その音声を文字に変換して記録，メールに送信するメモメール（クラスメソッド），⑤市販薬パッケージの改良（塩野義製薬）がそれぞれ報告された。この中でも，例えばメモメールは，実際に一部のアプリストアで無料公開を進め，健常者にも利用が広がっているとのことである。

■ 社会的企業という視点から見たアイ・コラボ神戸の発展プロセス分析

　ここまで，アイ・コラボ神戸がこれまで行ってきた業務がどのような流れから生じたものなのか，組織的な発展の経緯を記述してきた。ここではまず，社会的企業に関して指摘されてきた特徴やDEMOSが示した社会的企業の発展プロセスを参考にしながら，アイ・コラボ神戸の組織的，事業的な発展の流れをまとめたい。

　第1段階の社会資本の形成期において，ミッションという点では，大きくはアイ・コラボ神戸単独のものというよりは，アイ・コラボレーショングループが障がい者と健常者が共に協力しあって働き，障がいを持っていても自己の能力を開発・発揮して社会参加し，社会貢献するという理念を，当時としては先端的であったITを用いて行うというミッションを立てた点に特徴があった。また，アイ・コラボ神戸に目を戻して，コアメンバー採用という点では，アイ・コラボ神戸が共同作業所のころに，現在の理事長である板垣氏が利用者として加入している。

　そして，アイ・コラボ神戸はA型の就労継続支援事業所やNPO法人の法人格を取得するころに，第2段階の社会資本の投入期に入ったとみることができ

るだろう。その一歩目の事業といえるみんなのとーくんの開発は，新たな事業パートナーと連携しながら画期的なソフトウェアを開発するという点で，アイ・コラボ神戸が受注してきた一般的なウェブ制作を越える，すなわち，組織的な成長につながる事業であった。また，アクセシビリティ診断やユーザー評価，アイディアソン・ハッカソンといった事業も局面ごとに，新たな顧客やパートナーを獲得し，ネットワークをつくりだすことによって可能となっている。

　それだけでなく，アイ・コラボ神戸の組織的，事業的発展を可能にしているのは，まず，アイ・コラボ神戸の運営の中心的立場にある板垣氏と北山氏が，現在出回っている製品にはどのような問題点があるのか，つまりどのようなニーズが存在しうるのかということや，将来的な IT 技術の進歩や障がい者に対する行政の施策の変化などによって起こる経営上の環境変化を意識し，ビジネスチャンスを適切に，現実的に把握していることにあると考えられる。みんなのとーくんの開発やアクセシビリティ診断，ユーザー評価はそうしたことを意識して事業化されている面がある。それに加えて，アイ・コラボ神戸の組織的成長の背景には，新たな事業を通じて得られたノウハウが次の新たな事業を行う上での土台となっていることがある。このことが，事業構成や事業拡大のスピードを適切なものにすることとつながっている。

　そして，こうした事業を通じて，実績や実行性に基づいた周囲からの評価が高まる中で，アイ・コラボ神戸はアイディアソン・ハッカソンを実施するようになった。このアイディアソン・ハッカソンが多様な主体，個人を巻き込んだ商品開発のイベントを企画・運営しているという点を重視すると，アイ・コラボ神戸が第3段階の社会資本の配当を行う時期に入りつつもあると捉えることができるだろう。

■ アイ・コラボレーション神戸における職場のマネジメント

　本書ではイノベーションと働き方の関係に注目しているが，アイ・コラボ神戸について，それを支える利用者への仕事配分などをはじめとする職場のマネジメントはいかになされているのだろうか。働き方，そしてそれとのイノベーションのつながりに対する本書の関心から，このことにも触れておきたい。

　アイ・コラボ神戸では，重度障がい，車いすで通勤困難な方は在宅での勤務となっている。ただし，在宅勤務者でも週1回，少なくとも月1回事業所に来所することになっている。また，利用者が業務遂行上の能力を有していることや，JIS 試験，ウェブサイト制作といった業務の性質上，成果物がみえるため，自宅ミーティングなどは行っていないということである。一方で，脳性麻痺，精神障がい，聴覚障がい，視覚障がい，発達障がいを抱える利用者は通勤という形である。ただし，精神障がいで対人コミュニケーションに恐怖感を覚える方に対しては在宅勤務を認めている。

　仕事内容としては，在宅の利用者はアクセシビリティ診断，ウェブサイト制作，SE 対策などを行っている。仕事の配分について，利用者の状態に配慮することを最重要視しているとのことである。

　例えば，数字を扱う作業が難しい方には，アート系やデザイン，バナー作成などを依頼する一方，デザインなど感覚的な部分が大きいような作業が苦手な方には既定のデザインのコーディングや HTML 入力などを依頼する。また，ルーティン的作業が適していると思われる精神障がいの利用者が最近行い始めた業務は，しあわせの村の AI デジタルサイネージの会話の言いかえの登録といったメンテナンスである。一つのことを意味する内容の会話でも様々な言い回しがあるので，ログの解析を行い，登録が必要な言い回しを登録するということを依頼しているとのことである。反対に，ルーティンの作業ばかりは飽きるというような人には，AI 関係の新しい仕事を依頼するといった臨機応変な対応を行うこともある。こうした個々別々の対応に関しては，板垣氏，北山氏を中心に職場内部で相談して対応している。その際，利用者の要求に対しては，最初から否定はせず，要求の意味を考えることを意識しているとのことである。

　こうした利用者への対応の根底にある考え方として，板垣氏，北山氏は，「人の可能性を，一人一人の可能性を考える」という考え方があると語る。また，アイ・コラボレーショングループの初代理事長の岡本氏が，アイ・コラボレーションの側から利用者を辞めさせるようなことはしないという考えを強く持っており，それに影響を受けてもいるとのことである。

　こうした考えは，新たな業務を獲得する機会やプロジェクトの立ち上げにもつながっている。例えば，ユーザー評価は，それぞれが抱える障がいからみて

サービスが望ましい形になっているかを判断するものであり，完全に寝たきりで他の利用者よりも早く業務を処理することが難しい利用者も担いうる業務である。そもそも，ユーザー評価はそうした利用者も行える単価の高い業務をいかにしてつくりだすかといったことを考えた結果行うようになった仕事でもあり，個々人の働き方に対して寄り添った考え方をすることが組織の成長にとってプラスに作用しうることを示す例といえよう。

4　障がい者の視点を取り入れた製品開発の意義

　IoT は障がい者，健常者関係なく，人々の日常生活において欠かすことのない技術となっており，インクルーシブな社会を築くためには，IoT の面における配慮をより社会的に進めていく必要がある。そうした面からみて，アイ・コラボ神戸が行ってきた，みんなのトークンの開発やアクセシビリティ診断，ユーザー評価という事業は意義あるものである。

　それに加えて，アイ・コラボ神戸がサポートした QR コードを利用した印刷物のユニバーサル対応事業，制作に携わったしあわせの村のマッピングアプリ，アイディアソン・ハッカソンでの商品案などをみてみると，障がい者の視点を取り入れて商品・製品開発を行うことは，より良い製品づくりやイノベーションにつながりうることを強く感じさせる。特に，障がいを抱えるという特徴が，身体的・認知的機能の低下している高齢者や日本語を読むことができない外国人と重なりあうところがあるため，障がいという視点を取り入れて製品開発を進めていくことは，高齢化が進む日本の市場や増加する訪日外国人観光客を顧客として考える企業にとって，ビジネスチャンスを捉えるという意味でも非常に効果のあることであるように思われる。

　また，働き方という点でも，企業や自治体などが障害者就労支援事業所を参考にできる点もあるように思われる。人手不足も加わり，働き方改革やワーク・ライフ・バランスの重要性が叫ばれる中で，その土台となるのが，個々人のライフステージやライフサイクルに柔軟な対応をすることである（佐藤，2008）。

日々変わる個々人の状態を読み取り，それに対応するということは，その波が大きい利用者も多い障害者就労事業所において，常に気を付けられていることである。そこで蓄積されてきたこと，ノウハウなどは，工夫次第で企業や自治体などにも適用でき，地域での障がい者雇用につながるのではないだろうか。

【注】

1）本稿のアイ・コラボレーション神戸の取り組みに関する記述の多くは，アイ・コラボレーション神戸理事長の板垣宏明氏，理事・サービス管理責任者の北山朋子氏へのインタビュー調査（2019 年 6 月）に基づくものである。

2）それぞれの事業所名は，アイ・コラボレーション草津，アイ・コラボレーションしがらき，アイ・コラボレーション多賀，アイ・コラボレーション高島，アイ・コラボレーション伊賀，アイ・コラボレーション京都である。

3）アイ・コラボレーションのホームページを参照した（http://www.i-collabo.com/about_icollabo.php，最終アクセス日 2019 年 7 月 22 日）。

4）音声での読み上げだけでなく，読み上げの速さ，音量も調整可能である。

5）正式には，「高齢者・障碍者等配慮設計指針　情報通信における危機，ソフトウェア及びサービス」（情報アクセシビリティ JIS）の個別規格としての，「第 3 部：ウェブコンテンツ」（JIS X 8341-3）である。

6）このプロジェクトは A 型事業所の事業モデルケースを育成することを目的の 1 つとして据えられていた。

7）情報通信研究機構「情報バリアフリーのための情報提供サイト」（http://barrierfree.nict.go.jp/keii/index.html#sec-c，最終アクセス日 2020 年 2 月 12 日）。

8）総務省「みんなの公共サイト運用ガイドライン」（www.soumu.go.jp/main_content/000439213.pdf，最終アクセス日 2019 年 7 月 15 日）。

9）アイ・コラボ神戸としあわせの村は，しあわせの村が開催するユニバーサルデザインフェアにみんなのとーくんなどの製品を出展するなど，10 年ほど前からつながりがあった。

10）視覚障がい者向けに続いて，身体障がい者対象のアイディアソン・ハッカソンが 2019 年から実施されることになっている。なお，最初のアイディアソン・ハッカソンが視覚障がい者を対象とした理由は，情報障害ともいわれる視覚障がい者の生活の中で生じる問題の解消と AI や IOT といった技術が比較的つながりやすいということにあった。

11）また，これまでつながりを持ってきた神戸ライトハウスからも QR コードを自分たちの手で作りたいという相談があったことも企画を後押しすることになったとのことである。

《参考文献》

- 池田千登勢（2017）「インクルーシブ社会への可能性とデザイン＋マーケティング」『AD Studies』62，pp.14-21
- 池田千登勢・高山靖子・古瀬敏（2014）「障害者福祉事業所におけるデザインマネジメント手法の研究」『日本感性工学会論文誌』13（1），pp.17-26
- 佐藤博樹（2008）「人事戦略としてのワーク・ライフ・バランス支援」佐藤博樹・武石恵美子編『人を活かす企業が伸びる—人事戦略としてのワーク・ライフ・バランス』勁草書房
- 竹村和浩（2017）『スマート・インクルージョンという発想—IoT/AI×障害者が日本の未来を創る！』good.book
- 平塚力（2006）「非営利組織の成長と経営者の役割—社会的起業家としての役割を中心に」『ノンプロフィットレビュー』6（1・2），pp.15-24
- 山田肇（2011）「ウェブアクセシビリティの標準化と普及への課題」『科学技術動向』（2011年5月号），pp.20-35
- Borzaga,Carlo and Defourny,Jacques（2001）*The Emergence of Social Enterprise*, Routledge.（内山哲朗・石塚秀雄・柳沢敏勝訳（2004）『社会的企業』日本経済評論社）
- Dees,Gregory J.（1998）"Enterprising Nonprofits", *Harvard Business Review*, 76（1），pp.55-67
- DEMOS（1997）*The Rise of Social Entrepreneur*
  http://www.demos.co.uk/files/theriseofthesocialentrepreneur.pdf?（最終アクセス日 2019年7月6日）
- DEMOS（1999）Civic Entrepreneurship,
  http://www.demos.co.uk/files/Civicentrepreneurship.pdf?（最終アクセス日 2019年7月6日）
- Henton, Douglas; Melville, John andWalesh, Kimberly（1997）*Grassroots Leaders for a New Economy*, Jossey-Bass Inc. pub.（加藤敏春訳（1997）『市民起業家—新しい経済コミュニティの構築』日本経済評論社）
- Timmons, Jeffry A.（1994）*New Venture Creation*,Richard D. Irwin, Inc.（千本倖生・金井信次訳（1997）『ベンチャー創造の理論と戦略』ダイヤモンド社）

第 **6** 章

兵庫県の製造業における
イノベーション
～地域を牽引する金属加工産業の成功事例分析～

佐藤 慎介
佐藤精機株式会社

長野 寛之
兵庫県立大学産学連携・研究推進機構

地域の人口減少に歯止めをかけるには,地域産業の活性化が不可欠である。本章では,兵庫県の西播磨地域を対象に主要産業である製造業におけるイノベーション成功事例2件を分析した。その結果,戦略上の共通点として①商品から高付加価値商品への切り替えによる自社技術の革新と価格競争の回避,②先読みによる技術変化への迅速な対応,③地域の中小企業,行政,大学などの外部現有リソースの活用および協業による組織能力の向上などが確認されるとともに,それらの基礎として自社ではなく地域の繁栄を目標とした2代目社長の資質や高い志が重要な役割を果たしたことが確認された。

キーワード

製造業　技術革新　高付加価値　成長産業　外部リソースの活用

1　疲弊する地方とその要因

　1991 年のバブル崩壊以来，日本経済は長期の経済停滞局面に入った。2012年のアベノミクスで，日本経済は数字の上では緩やかに成長しているが，多くの国民は，今も停滞から抜け出せていないと感じている。かつて日本は世界でも類を見ない明治維新という政治的，文化的，精神面なイノベーションを実現させた国である。第二次世界大戦で国土が荒廃したが，その後は奇跡とも言える復興を成し遂げ，GDP を世界第二位まで押し上げた。しかしその栄光の歴史は，もはや過去の記憶として人々の脳裏の奥底に埋もれてしまった。しかし，それ以上に深刻な問題は，昨今，長きに渡って国を支えてきた地方が疲弊していることであると筆者は考えている。

　かつて日本は，1867 年の大政奉還・王政復古まで続いた徳川幕府の封建体制下で，全国の 300 を超える諸侯が領地を治める地方分権国家であった。地方

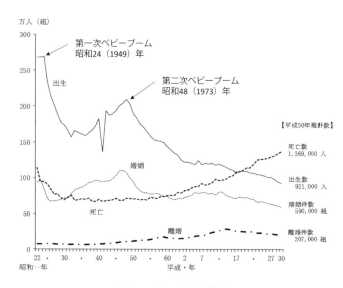

図1　日本の出生数推移

出典：厚生労働省（2018）

分権国家であったころの影響は 21 世紀の今日でも地域の特色として未だ色濃く残っている。しかし，その地域の多様な歴史や文化は，東京を中心とする中央集権体制下の政策や経済活動により，特に大都市圏から地理的に離れた地域において衰退しつつある。2014 年に発行された増田寛也氏の著書『地方消滅』が示しているように，地方では人口流出に歯止めがかかっていない（増田 , 2015）。そればかりか，少子高齢化がそれに追い打ちをかけている。図 1 にあるように，1949（昭和 24）年の第一次ベビーブーム，それから 24 年後の第二次ベビーブームを頂点として，以降出生数は一度も上昇に転ずることはなく，平成 29（2017）年からはついに出生者数が 100 万人を下回る事態となった。しかし，この問題に対する即効的処方箋は少なく，その結果，多くの地方において限界集落や準限界集落を生み出す原因となっている。

　地方の弱体化には，上記とは別の要因も存在する。図 2 は，かつて世界に冠たる “経済大国” といわれた日本経済の名目 GDP の成長率である。確かに，数字上では，2012 年より史上最長の景気回復が現在まで続いている。これは “アベノミクス景気” と呼ばれている。しかし期間の名目 GDP 成長率は，僅か 1.7 ％であり，物価上昇率を差し引くと国内の成長はごく僅かである。国内の低成長の理由の 1 つが経済のグローバル化である。中国を始めとする新興国企業のいわゆる製品が世界を席巻している。このグローバル化は地方の従来型の産業

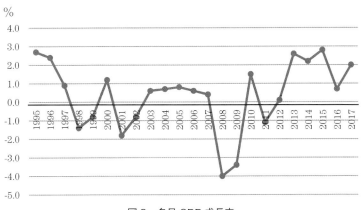

図 2　名目 GDP 成長率

出典：内閣府（2018）

構成を根底から揺るがせ，地方に存在する企業の衰退を加速させる要因になっている。

　我が国では多くの製造業が海外展開を図っていて，国内製造拠点は海外製造拠点へとシフトしている。その結果，かつてのコモディティ製品の量産品製造という日本の製造業の役目は消えつつあり，残った国内の生産拠点はマザー工場として位置づけられ，イノベーション創出が強く求められている。すなわち，多種少量で，迅速な変動能力を持つフレキシブルな工場への転換が求められ，その構築と強化が喫緊の課題である。これを実現するためには，一層の技術開発とイノベーション創出が必要となってきているが，残念ながら本社機能や研究部門の多くは首都圏をはじめとする大都市圏に集中しており，新しい技術やイノベーションを生み出す能力を地方は必ずしも持ってはいない。そのような状況下で，地方に雇用を生み，持続可能な社会を実現するには，地方企業のイノベーション創出能力構築が大変重要である。

　そもそも，イノベーションとは無から有を生み出すものではない。すなわち，地域の現状の問題点を分析しながら，組織の重要資源である"ヒト""モノ""カネ""情報"という現有する資源を如何に有機的に結合するかによってイノベーションは生まれるのである。地方でイノベーションを推進するには，地方のイノベーションに何が必要かという視点で現時点の色々な物事をまずは素直に眺めることが肝要である。その結果，現有する地方の資源（リソース）に対する見方が変わり，すでに有るものから，何と何かが組み合わさって新しい価値が生まれることを目指すべきと考える。本章ではこのような基本のステップで，地方のイノベーションを考えることにする。

　また，本章ではこの日本の地方の問題を，まずは兵庫県に，そしてさらに播磨という地域に絞りこんで考察する。兵庫県，その中でも播磨を選んだ理由は，兵庫県は南部の工業発展地域と中北部や淡路島の農林水産業主とした地域を含んでおり，大都市圏と地方により成り立つ日本の縮図と呼ばれている。また播磨は，南部の工業発展地域と北西部の農林業主体の地域，家島諸島の水産業を中心とした地域を有し，兵庫県の縮図ともいえる地域である。逆の見方をすると播磨を通して兵庫県を，兵庫県を通して日本を投影することが可能であると筆者は考えている。

2　兵庫県播磨地域の現状と課題

■ 兵庫県播磨地域における産業の現状

　兵庫県は日本の縮図と言われている。図3に示すように，兵庫県は製造業が盛んで，都道府県別では全国5位の製品出荷額を誇っている。特にその中でも播磨地域は製造業が盛んな地域で，播磨地域だけでも全国の都道府県で15位の順位となる。兵庫県内を地域別に見ると図4のように，産業は播磨地域，神戸市，阪神地域に集中している。兵庫県の製品出荷額は播磨地域，神戸市，阪神地域を合わせると実に94％に達する。他の丹波，但馬，淡路地域を合わせても僅か6％である。これは昨今，東京を始めとする大都市とその周辺に産業が集積し，それに伴い人口が偏り，地方の衰退を招いている日本に類似している。日本において地方創生の必要性が叫ばれているのと同じように，製品出荷額5位の兵庫県でも地域によって大きな開きがあり，地方創世が喫緊の課題である。

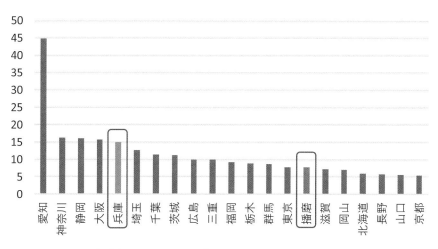

図3　都道府県別製品出荷額（2016年，上位20都道府県＋播磨）
出典：経済産業省（2019）を筆者が加筆

　先述のように播磨地域は神戸，阪神地域とともに産業が集積している地域である。しかしその播磨にも日本や兵庫県と同様，地域によって大きな偏りがある。東播磨地域の明石には川崎重工業，加古川には神戸製鋼所，高砂には三菱重工業があり，また，姫路市を有する中播磨地域は日本製鉄，ダイセルといった素材産業に加え，自動車用電装品の三菱電機などの多くの産業が集積している。ところが岡山県境に近い西播磨地域はたつの市，赤穂市，相生市に一部の産業が集積しているものの，西播磨北部の山間部の産業集積度が低いため製品出荷額が少ない。また，山間部が多い北播磨地域も製品出荷額が少ない。このように，播磨地域も細かく見ると図5のように産業は明石から姫路までの瀬戸内沿岸に集積しており，山間部が多い北部，西部地域は日本各地の地方と同様の問題が存在する。

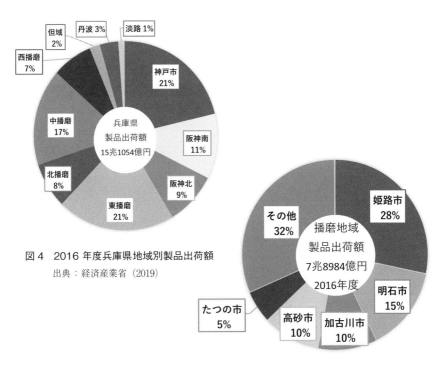

図4　2016 年度兵庫県地域別製品出荷額
出典：経済産業省（2019）

図5　2016 年度播磨地域別製品出荷額
出典：兵庫県（2019）

■ 兵庫県播磨地域における産業の課題

　表1は1995年から2015年までの20年間の播磨地域の人口推移を表している。東播磨，中播磨と比較して北播磨地区，西播磨地区の人口減少率が著しく高い。つまり産業が瀬戸内海沿岸部へ集中し，産業の少ないこれら地域では人口減少を招いている。図6は兵庫県の2010年を基準とし2040年に人口がどのように推移するかを予測したものである。全国的な人口減少傾向と同じく，兵庫県内で人口が増加するのは神戸市の一部だけで，そのほかの地域では人口は減少する。ただ神戸から姫路にかけての瀬戸内科沿岸部は比較的人口減少は少ない。しかし，県北西部において今後深刻な人口減少が予測される。この人口減少を食い止め，地方を創世するには，県北西部にでも成立する産業を興すことが何よりも肝要であり，西播磨地域においても全く同様である。

　播磨地域の地方問題を解決するには別の切り口，すなわち産業分野別の視点も必要である。播磨地域の産業分野別製品出荷額を図7に示す。播磨地域は鉄鋼や化学などの素材産業と電機，産業，汎用，輸送機械およびこれらを支える中小企業群による金属製品の製品出荷額が多い。素材産業と輸送機械は日本の弱電産業がリーマンショック以降，東アジア勢の台頭で大幅縮小となった中で，堅実に事業規模を維持・拡大している。素材産業や機械産業は，新興国企業では作れない高付加価値製品を生産することにより，新興国企業との差別化を進めている。例えば，鉄鋼大手の神戸製鋼では車用ハイテンあるいはエンジンのバネ材に注力，また川崎重工業や新明和工業は航空機産業を拡大し，新興国企業との差別化を図っている。

　しかしながら，問題はこれらの産業を支える中小の企業群からなる金属製品産業である。兵庫県企画県民部ビジョン局統計課によると兵庫県の金属製品を生産する企業数は，2000年には1904社であったのが2014年1227社まで減少している（兵庫県，2019）。これは，弱電産業が新興国企業と

表1　播磨地域の人口増減

単位：人

西暦	1995	2015	増減率
東播磨	696,884	716,633	2.8%
北播磨	296,522	272,447	-8.1%
中播磨	572,691	579,154	1.1%
西播磨	290,988	260,312	-10.5%

出典：兵庫県（2017）

の競争に破れ，国内事業を縮小・撤退したことで，いわゆるコモディティ商品の部品を大量に提供する部品事業が減少したことが大きな原因である。金属製品産業衰退の流れを食い止め，地域に根ざした産業を発展させるには，金属製品を生産する企業のイノベーションを推進し，高品質な部品の生産が可能で，しかも多種少量で迅速な変動能力を持つフレキシブルな工場への転換が求めら

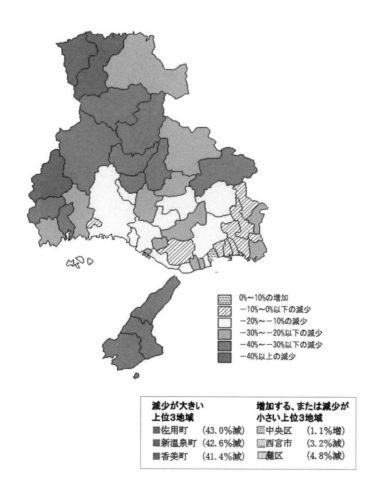

図6　兵庫県の人口推移予測（2010年→2040年）

出典：兵庫県（2016）

れる。播磨地域には東大阪，阪神地域と並んで金属加工企業が多く存在し，旧来の3軸のマシニングセンターでも複雑な形状を加工できる匠の技を持つ企業が多く存在する。しかしながら，5軸のマシニングセンターや3Dプリンターなど最先端設備の導入は進んでいないのが現状である。

　近年，川崎重工業や新明和工業といった航空機産業が米国や欧州の航空機メーカーとの協業でその売り上げを伸ばしている。また，医療用ロボットを生産するメディカロイド等の医療産業にも新たに期待が寄せられている。地域の発展のためには，このようなビジネスの機会を機敏に捉え，これに対応できるよう自らをイノベーションで変革する必要がある。しかしイノベーションは無から有を生み出すのは至難の業である。現有する自らのリソースを巧みに発展させ，そして地域の持つ資源，例えば大学，公設試，その他行政機関を有効活用することが大切である。そしてこれらを上手く活用することで，新たな産業の起業，雇用増大，人口増，地域創生の好循環に乗せて行くことが重要である。

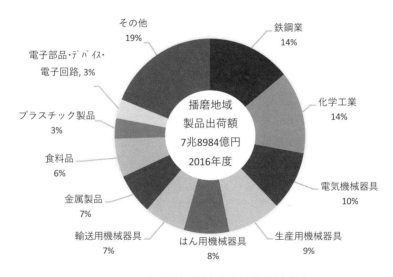

図7　2016年度播磨地域産業分野別製品出荷額
出典：兵庫県（2019）

3　新たな地域活性化の兆し

　前述の状況下，昨今の金属加工産業でいくつかの新たな地域活性化の動きが出てきている。本節ではこれらの中で，株式会社オオナガと佐藤精機株式会社の2つの事例を紹介する。

■ 株式会社オオナガの事例 1)

　株式会社オオナガは近年航空機部品を中心に業績を伸ばしている。近年の兵庫県における航空機産業の発展に「神戸航空機クラスター」（略称 KAN，以下 KAN と記述する）の設立が大きく影響している2)。また株式会社オオナガは，KAN の設立に深く関わっている。本節ではまず，KAN について説明し，次に株式会社オオナガについて説明する。

■ KAN の取り組み

　近年，川崎重工業や新明和工業といった航空機産業が米国や欧州の航空機メーカーとの協業でその売り上げを伸ばしている中で，兵庫県内において航空機産業振興に取り組んでいる団体として，神戸市機械金属工業会の勉強会から発展した「神戸航空機クラスター（KAN）」と公益財団法人新産業創造研究機構が事務局を務める「ひょうご航空ビジネス・プロジェクト」が存在している。前者は主に神戸市が，後者は主に兵庫県が支援する組織で，神戸市域においては両者の活動が重なっている。

　このうち，KAN について概要を説明する。同組織設立のきっかけとなったのは，神戸市機械金属工業会が行った，航空機産業の勉強会が端緒となっている。神戸市は同会の会員企業 270 社を対象に行ったアンケートの中で航空機産業に興味を示した約 90 社を対象に，2013 年 8 月より 2 回にわたって勉強会を行った。その結果，クラスター組織設立に向けた機運が高まり，翌 2014 年 4

月に設立に向けた会議が行われた。参加したのは 12 社で，経営者が参加することや，JISQ9100（航空宇宙品質マネジメントシステム）取得または取得意思を明確にすることなどを盛り込んだ会則が決定された。その直後，熱処理や特殊工程などを業務とする機械金属工業会員以外の企業に KAN 設立の案内や告知を行い，最終的には 20 社が集まって，2014 年 6 月に KAN が設立された。会長に就任したのは航空機部品生産の実績も豊富な株式会社オオナガの大長勝氏である。なお，現在の参加企業数は，設立時の参加企業 20 社のほかに 1 社が加わり 21 社となっている。この 21 社は，航空機部品の一貫生産体制時に，主に上流工程を担う「機械加工グループ」の 17 社と，主に下流工程を担う「特殊工程グループ」4 社に分類されて形づくられており，さらに機械加工グループに属する企業は，各企業の得意とするワークサイズを示した図が KAN ホームページ上に掲示されており，大小さまざまな部品を受注できる体制が明示される内容となっている。

　設立以後は神戸市産業振興財団から派遣された川崎重工 OB のアドバイザーを迎えて勉強会を開いている。そこで，見積りの出し方，大手企業が行う業務，航空機産業全体の構造等がレクチャーされ，徐々にメンバー全体の知識が深まった。また勉強会（事業会議）は毎月 2 回（2017 年度からは毎月 1 回）で，終了後にはほぼ必ず懇親会が開かれるなど，メンバー同士の密なコミュニケーションが今もつながっている。

　なお，KAN では設立当初，内部に営業販促や展示会など 6 つの委員会を設けており，メンバー全員がいずれかの委員会に所属して，川下企業等への営業活動，展示会出展計画などを企画検討・実施していた。2017 年度からはこれらの委員会を整理統合し，①事業化，②営業・販促，③先進技術・交流，④QMS（内部監査・生産管理・IoT の 3 部会）の 4 委員会体制で活動している。

■ 株式会社オオナガ

　オオナガは 1978 年，三菱重工業や川崎重工業等の企業城下町として発展した鉄工所が林立する神戸市長田区において，現在会長で創業者の大長昇氏が個人で一角の小さな工場を借りて操業を開始した。資本力もなく，設備といえば

普通旋盤1台からのスタートであったという。しかし，生来の職人である昇氏の技術は高く，徐々に評判は高まり，仕事量も増えて手狭になったため，1983年に今度は神戸市西区の貸工場に移転する。丁度この頃，神戸の町工場と呼ばれる小規模な企業を含めた製造業の多くが，郊外の西区等にその拠点を移す流れにも呼応するものであった。

ただ，新しい貸工場に移転はしたものの，相変わらず社員は不在で，個人での操業を余儀なくされることになる。その現状を変えるべく，長男の大長勝氏が同業他社での4年間の修行を経て，1995年4月に入社した。このことは同時に，オオナガに待望の社員が生まれたことになった。親子2人の新たな体制で従来の受注，売上げの拡大をもくろむ。しかし，ここでの課題が露呈，それがオオナガ初の第二創業，つまりイノベーションを生み出すことになる。その課題とは，保有する工場の設備が，人の技量がその出来栄えを左右する普通旋盤のみであったため，その操作技術を体得するために長期の時間を要するという性格のものであったことである。勝氏は，その機械の経験や知識も全くなかったため，それは従来のやり方では習得するまでの長い期間，戦力にならないことを意味していた。自身の短期での習得，そして能力拡大に寄与するには，どうすればよいか。その答えとして，この時，新規設備として普及が拡大していたNC（数値制御）工作機に着目した。コンピューターで加工プログラムを作成することにより，難度の高い加工も実現できる。そのことで，熟練加工者と同等，またそれ以上の加工技術も持つ可能性が開けることが知られていた。そのことを父親に相談した結果，早速NC旋盤1台を購入。最初こそプログラムやオペレーションに苦戦したが，3か月もすると，要領を会得して，格段に仕事のスピードとレベルが上がっていった。この成功体験で，社長の昇氏は更にもう1台のNC旋盤を導入することを決めた。そして導入当時こそ，2台の機械取り扱いに苦労したが，半年もたたないうちに同時に操作できるようになり，計画以上の業務拡大となったのである。

そんな中，1996年，大手川下企業のS社の下請けをしていたM社から航空機部品の製造依頼の話が入る。条件としては，M社の取引口座を使い，製作品の納品や支給材の引取りは，直接オオナガが行うという内容である。この頃は阪神大震災の後で，道路や鉄道等交通インフラが寸断され，S社への訪問にも

通常の8倍の時間を要する困難な状況ではあったが，勤勉かつ正確な営業を持続展開して，直接取引ではなかったものの，S社のオオナガに対する評価は着実に上昇したのである。

　そんな中，オオナガにとって好機が到来する。それは思わぬところからであった。M社を通して年々S社への仕事が増加しているさなか，そのM社の経営が悪化する。このことでS社も，すでに大事なサプライヤーの存在となっていたオオナガに対し，直接取引の検討に入ったのである。かねてより，小さな企業では至難の業である大手企業との直接取引を熱望していたことからも，これは千載一遇のチャンスであった。そしてこの頃，2001年会社を法人化，株式会社オオナガとする。代表取締役には父親の大長昇氏が就任した。一方，勝氏は大手企業との直接取引に向けた環境整備に取り掛かる。翌年2002年に独自の品質マニュアルを作成し，S社からの品質保証監査を受け，見事に認証を取る。またこの頃には，社員も増え，全社員で6名となっていた。そしてとうとう2003年にS社との直接取引に至る。株式会社オオナガの永年の努力と高い技術がついに認められたのである。

　大手企業との取引は，長いスパンでの受注の確保にもつながった。これにより将来的なビジョンが具体的に立てられるようになり，人材確保や社員教育にも力を注げるようになる。2006年には，加古郡稲美町の現在の主力工場に移転，その後2008年にはISO9001（品質マネジメントシステム）の認証取得をして，品質体制の"見える化"を実現した。しかし，一方ではその頃，航空部品の製作においてはJISQ9100の必要性を問う声が台頭し始めていた。そのため，S社の航空機の足まわり部品が同社の売り上げ割合のトップとなっていた現状では，もはやJISQ9100の認証取得は必須であると勝氏は考え，取得に向けた学習や行動を速やかにおこす。そして2011年にそれを取得するのである。社員10名ほどの小企業としては画期的な出来事でもあり，たちまち業界の耳目を集めることとなった。

　航空機部品産業は，これからの日本の製造業にとって数少ない成長が見込まれる新しいマーケットである。また，年々拡大する魅力的な分野でもある。これに参入するには，技術，品質，管理の障壁が高くそびえ，成功すれば差別化という果実を手に入れることはできるが，それには並々ならぬ取り組みが必要

となる。しかし，株式会社オオナガは前述した通り，既に早い段階から数少ない中小，しかも正に小企業の規模でそれを達成している。そのアドバンテージを実現することができたのは，偶然とはいえ，客先のニーズと業界のトレンドを把握し，1つ1つ間断なく克服していったことに尽きた。外部からの要求に応えることにより，マーケティング面で株式会社オオナガにとって次のイノベーションを生み出す段階に進めたのである。

　そして業界の予想通り，2008年ごろから国内で民間旅客機の部品製作が活発化の兆しをみせる。このことは，生産コストを極限まで落とすことと，国内のサプライヤーで部品完成受注（一貫生産）できる仕組みが必要となってきた。しかし，この当時は大手企業を除いて中小企業のサプライチェーンで材料の調達，熱処理，加工，非破壊検査をできる仕組みはほとんどなかった。また，兵庫県，播磨や神戸地域において，それは皆無で，仮に見積案件が発生しても，先行している国内の他地域でのクラスター等や海外の東南アジア地域のサプライヤーの後塵を拝し，競争に勝てない事態になってきた。そこで勝氏は，地域の業界の先輩経営者や兵庫県，神戸市等，行政に相談を持ち掛け，他の地域の成功事例を研究し，その結果が勉強会から発展した「神戸航空機クラスター」（略称KAN）である。2014年に設立，当初は神戸市内と播磨地域の神戸市機械金属工業会に属する20社からスタートしたが，後に1社加わり，21社となり現在に至っている。そしてクラスターをまとめる会長として，先導役を果たした株式会社オオナガの大長勝氏が就任したのである。

　そのKANの構成は，航空機部品を一貫で行う生産体制を想定して，主に上流の工程となる「機械加工グループ」の17社と，主に下流工程の熱処理やメッキ等表面処理を行う「特殊工程グループ」4社によって形成されている。組織にとって絶対条件の"ヒト""モノ""カネ"が不足している中小事業者にとって，単独で大手川下企業の要求を満たすことは，ほぼ不可能である。それゆえ，KANはそれぞれの工程を網羅したグループを作り，クラスター化したのである。会長の大長氏の秀でた統率力のもと，発足以来クラスターとしてのマーケティングや技術取得のための機会を毎月実施し，研鑽を深め，また神戸，明石，姫路等の兵庫県南部地域を横断する組織を作ったことは，全国的にみても非常に稀有な存在として，かつ実績も着実に示していることにより，注目すべきも

のとなっている。

表 2　株式会社オオナガ　会社概要

所在地	本社　　　　　　　兵庫県加古郡稲美町野寺 648-1
	第二工場　　　　　兵庫県加古郡稲美町加古 495-12
創業年度	1978 年
資本金	1,000 万
社員数	26 人
代表者	代表取締役社長　大長　勝

出典：株式会社オオナガ

写真 1　株式会社オオナガ代表取締役社長 大長 勝氏
出典：株式会社オオナガ

写真 2　株式会社オオナガ本社工場
出典：株式会社オオナガ

■ 佐藤精機株式会社の事例 [3]

　佐藤精機株式会社は 60 年をこえる歴史がある。その創業者は佐藤貞義氏といい，現在の本社がある地区，姫路市余部区下余部で貧しい農家の長男として生まれた。1931（昭和 6）年のことである。幼少より家業を手伝い一家の生計を支えた。しかし，一向に暮らし向きは良くならず，そのことから進学は断念する。そしてすぐさま，家から近い東京芝浦電機製作所（現東芝）の余部工場に就職した。時代は，戦後復興の色合いがまだ残る頃で，1955（昭和 30）年から始まったとされる高度成長期には今少し，黎明期の頃にあたっていた。そして，その工場で配属された部署が，真空管などを作るために用いられる金型製作の現場だった。主に当時主流であったベルト掛け旋盤を使い金属の切削に従事する。もともと健康で屈強な身体を持ち，手先も器用であったことから頭角を現すのにさほど時間はかからず。またこの仕事は天職と感じるようになり，一心不乱にのめりこんでいったのである。

　貞義氏が働き始めて 5 年が経過した。そのころには，職場で機械での仕上げ加工を任されるようになっていたが，心にある思いが芽生える。それは日増しに強くなっていったのである。そして，ついには決断し，会社を退職した。理由は，仕事が嫌いなことではない。むしろその逆で，自分の力で思い切り腕と能力を試してみたいと考えた。時の風潮も後押しする。当時は，若者が今のような大企業希望志向ではなく，能力に自信のある者は，自ら起業する，いわば色々な業種でベンチャーが勃興する時代になっていた。

　20 歳で会社を辞めて，3 つの金属加工の会社を渡り歩いた。目的は，各社それぞれに持つ得意な加工の技術習得である。選んだ会社もすべて小規模であった。しかし，地場ではいずれも技術に定評のある事業所であった。ここでさらに技量を磨き，自信を得たことでいよいよ，独立して起業する機運は高まっていった。そして，満を持して 24 歳という若さで，一人で起業した。自らの名前を取り「佐藤鉄工所」とした。しかし，資金が豊富にあったわけではない。むしろ，徒手空拳の状態に近く，工場は実家のわずかな農地を，無理を言ってもらい受け，そこに自分一人で鋼材などを買い，雨風が辛うじてしのげる粗末な建屋をつくる。そして，知り合いの業者の紹介で中古の普通旋盤を 1 台購入

しただけの出発だった。ただ，このような不利な条件も，時代の外部環境は追い風になった。それは，この頃は人間の能力，技量が競争力に直接左右する背景であったため，その後に訪れる業界にイノベーションを生むNC工作機（数値制御機）の登場まではかなりの時間的猶予があった。

　そうして，佐藤鉄工所は操業開始から，貞義氏の突出した技術でたちまち地元では注目される存在になった。高い加工技術でそれを武器に順調に利益を出しながら，新たな種々の機械設備を揃えていった。順風満帆の時は約20年に及んだ。1972年には，会社を法人化して，ここで佐藤精機株式会社が誕生する。そして，この頃が，貞義氏の事業にとって絶頂の時となる。しかし，一方で次第にNC化の波や，中小事業者においても会社組織としての運営力が試されるようになっていた。一方，形こそ佐藤精機株式会社は法人化を果たしたものの，相変わらず社員5名で徒弟制度のような家内工業であった。毎年，ほとんど売上げの伸びはなく，逆に，後発の同業者に次々と追い抜かれていく。それは，1980年頃には経営面に深刻な影を落とすようになっていた。

　この頃，現社長の佐藤慎介氏は，大学を卒業，大学院に進んだばかりだった。しかし，家業が傾き，学業への支援が途絶える。そのため，志半ばで中退，大学時代の恩師の紹介で寝具メーカーに就職した。そこは，今の金属加工の業界とは全く違う世界で営業職として働く。ようやく仕事にも慣れ，順調な日々を送っていたが，その3年目に貞義氏から会社に帰ってくるよう話が入った。再々の要請にも，最初は固辞していたが，やがて実家に帰ることを決断する。1984年の4月のことである。しかし，入社はしたが，まったく勝手がわからない。その上，会社はまさに満身創痍で，倒産も現実味を帯びていた。また，社員もわずか5名でモラルも技術も低く，頼れるのは社長の貞義氏のみというありさまだった。塗炭の境遇に身を置くことになったのである。ただ，このような絶望的な状況にも，一縷の救いは残っていた。この頃，好景気と不景気の循環はあったが，全体の基調としては，仕事量が潤沢で，佐藤精機株式会社のような力のない業者も必要とされていた。自助努力に乏しく営業や技術の面で劣っても活路が見いだせたのである。

　この頃は，大企業も中小企業も表現的には「我が世の春」を謳歌していた。ただそれは，西播磨特有のものではなく日本全体に及び，それぞれの地域で企

業城下町の出現が相次ぎ，経済成長の神話は留まることはない雰囲気であった。地方の地域においては，イノベーティブな要素の必要は少なく，発注側，すなわち親企業に受注側，下請け企業が全面的に依存する関係が続き，重要視されたのは濃厚な主従関係の構築である。これは，一見すると互いに大事なパートナーやサプライヤーの様であるが，そこには最新の技術や今日では当たり前のグローバルコストの意識はなく，"運命共同体の良好な関係"が第一義とされていたのである。ただ，この状況は現在においても，形こそ変えそれは生き続けている。それは今後，地域の製造業が存続する上で，変革への足かせになり，イノベーションの出現を阻害する可能性がある。

　本稿の佐藤精機株式会社の歴史は，1991 年に進む。この年は，いわゆるバブル景気崩壊の年である。この頃においても，社員は 15 名ほど。しかし，高度成長期の恩恵を受け，さらにバブル景気の熱風にも似た狂騒の時代を少しずつ財務内容の改善や新規の顧客開拓に成功していた。そのことは，従来の一社依存からの脱却を実現し，深刻な不況にもかかわらず，新しく得た仕事で，むしろ堅調に業績を伸ばすという世間の趨勢とは逆のものとなった。

　この小さな成功体験は，あることを慎介氏に教えた。それは，一社依存の弊害とグローバル化への危機意識である。何の備えもなく，ただ一社との運命共同体のような関係。いかに日本を代表する大企業といえども，未来永劫成長や維持が約束されるものではないことと，製品のライフサイクルに示される有限性である。全国に旧態からのパラダイムシフトが至るところに露呈し始めたのである。

　さらに時は進んで 2008 年。毎年 9 月が決算月にあたる佐藤精機株式会社は，業容を拡大していた。従業員も 18 名，売上高は 2 億 5000 万円に増加。それ以上に経常利益が 20％に達し，地域の中小優良企業と呼ばれるようになった。またそれにもまして，大手企業との直接取引が 10 社を超えた。特に，この取引に向けた営業展開は主に，地域行政の力の活用である。具体的には神戸市に拠点がある（公財）ひょうご産業活性化センター主催のビジネスマッチング事業が大いに役に立った。そこが主催するビジネスマッチングでは，あらかじめ参加の発注企業のニーズが公開され，エントリーすることができる。そこでの交渉に成功して顧客を獲得していったのである。

　しかしこの時に，あの未曾有の大不況を引き起こすきっかけとなるリーマンショックが発生した。その衝撃は瞬く間に全世界に波及する。日本とて例外ではなく戦後最大規模の不況に長期間見舞われることになったのである。佐藤精機株式会社も 2009 年の新年早々，受注が枯渇した。売り上げは，通常の 3 割減，それから 4 月までその状況は続く。しかし，その期間，2 つの手を講じた。1 つは，採用である。ハローワークに求人公開したところ，結果は予想をはるかに上回るものになった。1 か月間で 150 名を超える応募が全国から寄せられた。そして，まず 5 名を採用，結局それ以降 3 年間で 20 名以上の採用をした。そして，この採用はのちに社内にイノベーションをうみだす源泉となったのである。つまり，未曾有の不況は人々の仕事を奪い，生活を不安にさせることで，ひいては働けることの喜びという生理的な要素も持つモチベーションにまで昇華する例も多数見られたからである。事実，この時の採用のおかげで，佐藤精機株式会社の社員の質が一段と上がることとなった。

　もう 1 つは，測定技術の向上と習得である。佐藤精機株式会社にも東京の大手半導体製造装置メーカーから，全国でも加工することが数社しかできない超精密な部品製作の打診が来るようになっていた。しかし，一方では克服しなければならない問題も浮上する。加工は可能で形にはすることはできる。だが，それを完全に品質保証する測定機と知識がない。社内の三次元測定機ではスペック的に足りず，使いこなせる人もいない。そして，購入するにも長い納期と高額な資金が必要で手詰まりの状況に陥ったが，そこで，地域に存在する資源に気づく。姫路地区には県立ものづくり大学という，職業訓練機関がある。そこに設置の三次元測定機に注目した。県の設備で域内の企業にも広く開放することで地域の産業育成にもつなげる，その目的のため，事前に手続きを踏めば一定時間自由に使えることが可能だった。この利用により，不足していた"モノ"は解消した。そして，それを使うために足りなかった人の知識やスキルも訓練の場が与えられたため，驚くほど速く習得することができた。"ヒト"の課題も解消し，以前よりはるかに向上した測定が実現する環境の素地が整ったのである。

　これら，2 つの手だて，アクション例は今に続く可能性を示した。1 つは求人である。今や陳腐化しているハローワークという公共の利用といえども，そ

のタイミングによっては大変有益なものになりうる。特に不況の時である。逆転の発想で佐藤精機株式会社では，それが現在の高度な技術をもつ人材の創出と獲得につながったのである。

　また，もう1つの手だては，地域の資源を調べ，そこに有るものの活用である。今回の三次元測定機の事例までは，ものづくり大学の存在は知っていたが，利用はなかった。巷間では“産官学”の連携が声高に語られるようになってはいたものの，実際の連携は中小企業ではほとんどなかったのである。それは，お互いの意識に問題があった。この頃の官と学の取り組みとしては，地域のニーズから乖離したものが多く，地域の中小企業にとっても，その現状に合わず，利用できるものが少なかった。また，産側も，特に中小企業は自ら行動を起こすことはなく，与えられるのを待つ姿勢であった。このため，連携はミスマッチを数多く生んだのである。

　リーマンショックは，世間の状況に反して佐藤精機株式会社にとって大変有益で成長の期間となった。売上高は2008年と比較して，3年をかけて2倍以上にのびた。また，社員数も，2倍を超えて41名となった。そして，大手企業との直接取引数は20社を突破した。ここには，数的な拡大だけではなく，質的な変化も同時に起こった。例えば，大手企業との取引であるが，それまでは弱電メーカー中心の業種から建設機械用の油圧部品，エスカレーター等の昇降機部品，自動車用試作開発部品等6つの業種が新たに加わった。また，この頃から理化学研究所などの国の機関や，京都大学などの学究機関からの研究用部品の受注にも成功している。これらの取引先の特徴のある要求をこなすことで，更に技術などのレベルの一段の底上げが実現したのである。

　そして現在の佐藤精機株式会社は，年商は6億を超え，社員数は約50名となった。しかし，それ以上に2015年10月たつの市に完成した県内最先端と評されている新工場は，国内最高峰の超精密加工や次世代の技術である同時5軸加工，アディティブ製造技術（3Dプリンター）に対応した設備能力の一段の拡大と充実を実現したものである。それは，今後の日本の“ものづくり”がコモディティな量産加工から，“次の新しいもの”を生み出すための試作研究型のマザー工場化へ移行する中，それを新たなマーケットと明確に意図して作られたものである。そしてその場に，神戸大学や特に地域内にある兵庫県立大学

工学部のインターンシップなどによる学生との交流や教員の技術研究を積極的に受け入れることで，高レベルな"学"の力を存分に活用して，それを自社の知識力の強化や刺激に活用している。このことは，早晩国内から姿を消しつつある多品種少量の試作，研究開発品製作の拠点として認知されることにより，地域のみならず，域外からの雇用も呼び込むことも目指している。

　社長の佐藤慎介氏は西播磨の地域から世界が求めるハイエンドな"ものづくり加工"を発信したいと考えている。そのため，持ち込まれる案件も，年々レベルが上がり，域内はおろか県内でも唯一の精度加工を誇るものも増加している。また，日本の製造業で有望なマーケットとして注目されている宇宙・航空機分野においてもすでに参入した。これに対する取り組みは，これが産業集積の低い西播磨の地域に新しい産業の先鞭をつけることである。そのために，神戸市で発足した航空機クラスターに自ら参加した。そこでの官からの支援や同業者との交流により，多くの知識と川下企業へのＰＲのチャンスを得た。結果，ＪＡＸＡの人工衛星"はやぶさプロジェクト"や航空機のジェットエンジン部品製造への参画にもつながったのである。

　今，地方を支えた大企業の工場は，衰退の一途をたどっている。理由は明白で，コストの問題である。田舎の地域の安いランニングコストをもってしても，もはやグローバル展開の前には，到底たちうちはできない。コストの優位性はすでになく技術面でも新興国に猛追されている。それ故，大企業の工場のひとつのラインとなった企業の将来の存続は厳しく，海外移転などで減少を続けているのである。

　一方，宇宙・航空機分野においては，日本企業のもつ高度な加工技術が世界のトップに立てる位置にある。製造のプロセスにおいて，他の産業の量産品に比べれば，付加価値や納期面でも格段の利点がある。このことから，遠隔地においても，土地等の安く利用できる資源の優位性が活かせるものであるといえよう。地域からイノベーションを生み出すには，まったく新しいものを生み出すことにこだわる必要は必ずしもないのである。その考えにたって，今，佐藤精機株式会社は地域に次の産業へのイノベーションを生み出す作りのために，DMG森精機などの世界展開をしている工作機メーカー等の技術協力や支援で協働して，プラットホームの創生に注力しているのである。

表3　佐藤精機株式会社　会社概要

所在地	本社　　兵庫県姫路市余部区下余部 240-6 たつのテクニカルセンター　兵庫県たつの市揖西町土師 1-89
創業年度	1955 年
資本金	1,800 万円
社員数	48 人
代表者	代表取締役社長　佐藤慎介

出典：佐藤精機株式会社

写真3
佐藤精機株式会社代表取締役社長
佐藤慎介氏
出典：佐藤精機株式会社

写真4　佐藤精機株式会社たつのテクニカルセンター
出典：佐藤精機株式会社

写真5　テクニカルセンター内のマシニングセンター
出典：佐藤精機株式会社

4 事例からの考察

　前節では，KAN（神戸航空機クラスター）の設立に大きく関わった株式会社オオナガと5軸マシニングセンターを活用し飛躍した佐藤精機株式会社の事例を紹介した。本節ではこの2社を分析し，それらのイノベーションの源泉が何であったかを考察する。考察に当たっては川上（2014）で示された9セルメソッドを用いる。9セルメソッドはビジネスモデルを考案するツールで横軸にWHO，WHAT，HOWを，縦軸に顧客価値，利益，プロセスを配し，マトリクスのそれぞれのセルを整理することでビジネスモデルを整理・ブラシアップするものである。株式会社オオナガ，佐藤精機株式会社ともに2代目の経営者が新しいビジネスモデルで第二創業した事例であるので，9セルメソッドによる分析が有効である。

■ 株式会社オオナガの9セルメソッドによる分析

　株式会社オオナガの2代目社長大長勝氏は，当初から株式会社オオナガを継ぐべく，他社で修行した後に株式会社オオナガに入社した。もともと大長勝氏は金属加工業界をよく研究した後に家業を継いだわけである。その株式会社オオナガの事例を9セルメソッドに割り付けると表4のようになる。

　株式会社オオナガのイノベーションは2代目社長の大長勝氏によって大きく進展することになる。まず，第一番目のイノベーションは，NC工作機を導入し，技術的なイノベーションを成し遂げた。これにより少ない人的リソースでも高度な加工ができるようになった。次は顧客を変えたことである。かつては大手重工メーカーの機械部品を作る孫請が主体であった。経済のグローバル化で一般機械部品，弱電関係のコモディティ商品部品の国内生産が減る中で，いち早く外部環境変化に気づき航空機産業に参入した。しかし，高品質が要求される航空機産業界で生き残るにはなんと言っても高品質を保証する必要があり，そのために中小企業でありながらISO9001，JISQ9001を取得した。さらに，中

小企業一社だけではマーケティングや品質の向上に限界があるので，それをさらに進化させるため，自社のみではなく，地域の行政の力を借り，県内のビジョンを共有する中小企業を結集させた。それを KAN というクラスターの形にして，川下企業への実効力のあるビジネスアプローチや技術対応力を生み出すイノベーションを実現したのである。KAN は自社のみではなく，クラスター全体の各社が Win-Win の関係で繁栄し，地域の発展に繋げるという高邁な思想がその根底にある。株式会社オオナガの地域の資源を活用した今後の事業展開は，阪神地区や播磨地区のみならず，全国の地方においても参考となる，ひとつの方向性を明確に示したものであろう。

表 4　株式会社オオナガの 9 セルメソッド

	WHO	WHAT	HOW
顧客価値	・川重，三菱重工孫請け ↓ ・大手航空部品メーカーS 社の下請 M 社経由の孫請 ↓ ・S 社直取引	・一般機械部品 ↓ ・精密航空機部品	・先代の高い技術力から生まれる製品（QCD） ・高品質・多種少量生産航空機部品を KAN（神戸航空機クラスター）で一貫生産
利益	・孫請 ↓ ・大手 S 社直取引	・単品部品加工 ↓ ・部品の一貫生産	・高品質 ・多種少量生産
プロセス	・航空機関連部品製造の中小企業 20 社（後に 21 社）による KAN 結成	・航空機部品の一貫生産	・NC 工作機械の導入 ・S 社品質認証 ・ISO9001 取得 ・JISQ9001 取得 ・KAN で一気通貫サプライチェーンを構築

出典：筆者が独自に作成

■ 佐藤精機株式会社の 9 セルメソッドによる分析

　佐藤精機株式会社も 2 代目社長の佐藤慎介氏の時代にイノベーションが大きく進展する。しかし，佐藤慎介氏は大長勝氏と違って当初家業を継ぐ意志はな

く，金属加工業界に関する知識や経験は少なかった。しかし，かえってそれが佐藤精機株式会社ならではの大胆なイノベーションへと繋がった。佐藤精機株式会社の事例を9セルメソッドに割り付けると表5のようになる。

　佐藤精機株式会社は先代社長の時代より，卓越した技術力で高品質の部品加工で定評があった。そこにベッドの製造販売会社の営業をしていた佐藤慎介氏が加わることで，多くのイノベーションが起こることになる。まず顧客を，コモディティ商品を作る弱電メーカーから，先代社長時代からの特徴である高品質が活かされ，自動車のようにジャストインタイムで大量に納入しなければならない物ではなく（生産地から離れた西播磨の地ではジャストインタイムは難しい），付加価値の高い部品を必要とする建機，自動車（試作），エレベーター，宇宙・航空機メーカー，大学等に変えた。その際に行政が実施するマッチング

表5　佐藤精機株式会社の9セルメソッド

	WHO	WHAT	HOW
顧客価値	・弱電メーカー ↓ ・建機，自動車（試作），エレベーター，宇宙・航空機メーカー	・弱電コモディティ製品関連部品 ↓ ・高品質，高付加価値，多品種少量，自動車部品に比べ長納期部品（建機，自動車試作部品，エレベーター，宇宙・航空機部品，大学）	・先代の高い技術力から生まれる製品（QCD） ↓ ・5軸マシニングセンター導入による高品質と対応力
利益	・発注先との濃厚主従関係 ↓ ・大手企業直接取引	・高品質 ・高付加価値 ・多品種少量 ・研究開発型商品試作	・県内最先端の加工技術
プロセス	・行政が主催するビジネスマッチングの活用 ・地域資源（大学，公設試等）の活用 ・DMG森精機とのコラボレーション	・KAN加盟で航空機部品に参入	・5軸マシニングセンター導入 ・リーマンショック時の積極的人員採用 ・アディティブ製造技術（3Dプリンター）対応

出典：筆者が独自に作成

イベントに積極的に参加し，その機会を得ている。さらに特徴的なのは，研究開発型商品試作に取り組んだ点である。自動車の試作部品，大学の研究用部材等は高精度のものが多く，一般の金属加工業者では作ることができない。それが故にコスト競争ではなく，品質が競争優位となる。結果，値段は高く高付加価値商品となった。

　佐藤精機株式会社のもう1つの特徴は，技術を高度化するのに地域資源を有効に活用し，自社の能力を向上していることである。具体的には兵庫県立ものづくり大学の高精度測定器を借用したり，大学との協業，最近では工作機の世界的メーカーであるDMG森精機との協業がある。DMG森精機には西播磨の地域に最先端の5軸マシニングセンターを普及させたい，またそのために顧客である金属加工業者の意見を聞きたいというニーズがある。そこで佐藤精機株式会社はたつのテクニカルセンターを建設し，DMG森精機にその機会を提供するとともに，自らの技術力をその活動を通じて磨き，その技術で研究開発型商品の部品ビジネスに繋げた。また佐藤精機株式会社は，その活動が地域の他の金属加工業者に波及し，ひいては地域の発展に繋げる高邁な志を持っている。無から自前生み出すのではなく，活用できる資源（リソース）を巧みに活用し，自社の能力を高め，ひいては地域の活力向上に繋げようとしている。

　また，企業にとって最も重要な人的リソースについても，リーマンショックで売り上げが大幅に落ちる中でも積極的に採用活動を展開し，繁忙期にはなかなか取れない人材を確保し，その後の発展に繋げることができた。時代の変化にも機敏に対応できたのである。

■ 株式会社オオナガ，佐藤精機株式会社の共通点と相違点

　株式会社オオナガも佐藤精機株式会社も2代目社長の先見性と牽引力で地域の模範となるイノベーションを成し遂げたが，そこにはいくつかの共通点がある。そして，それが地域のものづくりのイノベーション推進のヒントになるのではないだろうか。

　1つ目の共通点は，顧客を，コモディティ商品を扱う企業から多品種少量，高品質，高付加価値商品の企業に変えたことである。株式会社オオナガは主に

航空機部品に，佐藤精機株式会社は航空・宇宙にも参入し，他にも建機，自動車（試作部品），大学等の研究機関と取引したことである。そのためには自社の能力をこれまでとは異なる高度なものへと革新する必要があったが，両社とも見事に成し遂げ，これにより新興国企業との価格競争に巻き込まれることを回避した。

　2つ目は，技術の変化に迅速に対応していることである。これまでの金属加工業はいわゆる「匠の技」で勝負していた。近年NC（数値制御）工作機が発展し，最近では5軸NCのマシニングセンターが多く登場してきている。両社とも，もともと高い技術力を有していたが，2代目社長はそれに慢心せず，NC工作機会を積極的に導入し，使いこなした。その結果，少ない人数でも多くの高度な仕事がこなせるようになり，業容の拡大に繋がった。

　3つ目は外部にある現有リソースを上手く活用した点である。航空機メーカーからのニーズに応えるために多くの資源（リソース）が必要だが，株式会社オオナガは神戸市機械金属工業会を活用し，20社（後に21社）からなるKAN（神戸航空機クラスター）を立ち上げた。KANはメンバーの20社がそれぞれの資源（リソース）を持ち寄ることで組織としての能力を向上させている。これにより，広範囲に及ぶ航空機メーカーのニーズを一企業の点ではなく，KANという面の組織で対応したのである。佐藤精機株式会社も外部の現有リソースを積極的に活用している。兵庫県立ものづくり大学，地元の兵庫県立大学との協業に始まり，最近ではDMG森精機との協業で自らの能力を向上させている。

　以上3つはイノベーションを成し遂げるいわゆる戦略であるが，戦略より上層の共通点として，2代目社長の資質，すなわち高い志が重要であると考える。両社とも自社の繁栄のみを考えるのではなく，地域の繁栄を目標としている。株式会社オオナガは東播磨の稲美町に位置する。佐藤精機株式会社の本社は中播磨である姫路市西部の余部，たつのテクニカルセンターは西播磨のたつの市に位置する。両社とも日本の縮図とも言える播磨地域に位置している。地域発展ために大長勝氏はKANの設立に主導的に関わり，佐藤慎介氏はたつのテクニカルセンターを大きな設備投資のリスクを背負いながら決断したのである。両社長とも協業する企業群の発展を最終目標としていた。そしてこの高い志を実現するために，イノベーションのジレンマ（クリステンセン，2001）に陥る

ことなく外部環境の変化を先読みし，顧客を変え，NC 工作機を導入し，リーダーシップを持って革新に挑んだのではないだろうか。

5　結論

　これまで，兵庫県その中でも播磨地域のものづくりの現状と課題を示し，その中でイノベーションを起こしている2社の事例を紹介した。

　グローバル化が進む経済環境にあって，日本のものづくりは自ずと商品から高付加価値商品にシフトしてゆかなければならない。そのような中で，今回紹介した2社は，2代目社長が地域の発展という使命感を原動力に外部環境の変化を先読みし，自社の能力を外部の資源（リソース）を活用しながら向上させ，その結果，自社の発展が地域の雇用創出に繋ったのである。

　このことは，地方問題の解決に取り組む行政にも重要な示唆を与えている。この2社が自社の能力構築に，行政の活動あるいは行政が所有する資源（リソース）を活用している点である。これは地方問題の解決には行政の関わりが重要であることを再認識させられる事例である。また，この2社は2代目社長の高い志とリーダーシップによって発展している。行政の取り組みは公平性が要求され，必要とされる者には公平にその機会が与えられなければならない。しかしながらこの2社のように，高い志のあるトップが率いる企業がリーダーシップを発揮してこそ，地域の発展が加速するのは紛れもない事実である。行政には，どのような政策がどのような企業に影響を与え，そしてそれらが核となってどのように地域を発展させるかというストーリーテラーの能力が必要であり，また核となる企業を見つける目利き能力も必要である。行政が核となる企業を見つけ出し，機会を提供することでイノベーションが生まれ，企業が発展し，地域に雇用が生まれるというストーリーが生まれるのである。

【注】
1)　株式会社オオナガ HP を参照

http://www.oonaga.jp/（最終アクセス日 2019 年 5 月 8 日）

2）神戸航空機クラスター HP を参照

http://kobeaeronetwork.com/（最終アクセス日 2019 年 5 月 8 日）

3）佐藤精機株式会社 HP を参照

http://ssc-e.co.jp/（最終アクセス日 2019 年 5 月 8 日）

《参考文献》

- 川上昌直（2014）『ビジネスモデル思考法』ダイヤモンド社
- クレイトン・クリステンセン（2001）『イノベーションのジレンマ—技術革新が巨大企業を滅ぼすとき』（玉田俊平太監修，伊豆原弓訳）翔泳社
- 経済産業省（2019）「工業統計調査 平成 29 年確報　地域別統計表」
  https://www.meti.go.jp/statistics/tyo/kougyo/result-2/h29/kakuho/chiiki/index.html
  （最終アクセス日 2019 年 5 月 8 日）
- 厚生労働省（2018）「平成 30 年（2018）人口動態統計の年間推計，結果の概要」
  https://www.mhlw.go.jp/toukei/saikin/hw/jinkou/suikei18/dl/2018gaiyou.pdf
  （最終アクセス日 2019 年 5 月 8 日）
- 内閣府（2018）「2017 年度国民経済計算（2011 年基準・2008SNA）Ⅳ 主要系列表（1）国内純生産（支出側）名目」
  https://www.esri.cao.go.jp/jp/sna/data/data_list/kakuhou/files/h29/h29_kaku_top.html
  （最終アクセス日 2019 年 5 月 8 日）
- 兵庫県（2016）「兵庫県将来推計人口について，１総人口」
  https://web.pref.hyogo.lg.jp/kk07/documents/populationprojectionhyogopref.pdf
  （最終アクセス日 2019 年 5 月 8 日）
- 兵庫県（2017）「平成 27 年国勢調査人口速報集計結果（総務省統計局公表）兵庫県市区町別人口推移」
  https://web.pref.hyogo.lg.jp/kk11/jinkou-tochitoukei/kokuseityousa27toukeikxyoku.html
  （最終アクセス日 2019 年 5 月 8 日）
- 兵庫県（2019）「平成 29 年工業統計表，Ⅲ 市区町表」
  https://web.pref.hyogo.lg.jp/kk11/shoukougyoutoukei/29kogyo/29kogyo-toukeihyou.html
  （最終アクセス日 2019 年 5 月 8 日）
- 増田寛也（2014）『地方消滅　東京一極集中が招く人口急減』中公新書

コラム SDGsとイノベーション

坪田 卓巳（SDGs de 地方創生 公認ファシリテーター／ReCura Inc.）

持続可能な開発目標（Sustainable Development Goals 以下 SDGs）という言葉を耳にしたことはあるだろうか。

SDGs とは 2015 年 9 月に国連において，2015 年から 2030 年までの長期的な開発の指針として採択された「持続可能な開発のための 2030 アジェンダ」の中核をなす国際目標であり，貧困や教育，ジェンダーにかかわる問題から，働き方や廃棄物処理，クリーンエネルギーなどの経済にかかわる問題，さらに気候変動や生物多様性の保全など環境にかかわる問題などを課題としている。それらを 17 のゴール，169 のターゲット，232 の指針に分類し，課題解決を目指すものだ。これは同年 12 月に第 21 回気候変動枠組条約締結国会議（COP21）で採択された気候変動抑制に関する多国間の国際協定「パリ協定」と両輪をなす，世界の潮流の 1 つでもある。一見どちらも政府や

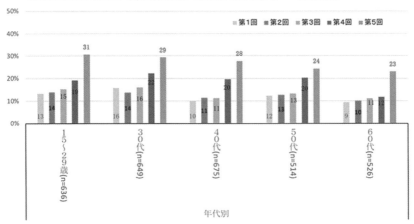

あなたはSDGsという言葉を聞いたことがありますか※ (nは第5回分)

※ 若い世代でSDGsの認知度は急速に伸びている。これは学校教育の中でSDGsについて教えられる機会が増えていることも影響していると考えられる。

出典：SDGs 認知度調査第 5 回報告（朝日新聞社 2019 年 8 月）

国際機関が決めた，遠い話のように思えるかもしれないが，SDGsにおいては，そのほか企業や大学，協同組合や市民社会，そして1000万人以上のアンケートをもとに3年かけて決められた内容となっている。

　昨今の異常な気候危機や行き過ぎた資本主義経済に歯止めをかけ，国境を越えて持続可能な社会を築くための指針となるSDGsの認知度は，現在のところ東京と神奈川で実施した調査の結果を見ると，およそ4人に1人しか知っている人がいないことがわかった。しかし世代別にみると15歳〜29歳の割合が一番高く（31％），これは2019年の半年で12％も増えている。（SDGs認知度調査（朝日新聞社2019）より）これは若い世代の消費者行動やキャリア選択にも影響を与えており，企業自体の持続性を考えるうえでも，その影響は看過できない。実際に日本政府においても「まち・ひと・しごと創生基本方針2019」において，「SDGsを原動力とした地方創生」を進めることが明記されており，日本が目指すべき未来社会の姿として提唱された「Socity5.0」においても，SDGsは事業創造・経済活性化の中心となっている。

　昨今は予測不能な「VUCA時代」と言われている。VUCAとはVolatility（変動性），Uncertainty（不確実性），Complexity（複雑性），Ambiguity（曖昧性）の頭文字をとったものであるが，このような波乱万丈な世の中で世界が向かうべき目標SDGsの存在は事業戦略上も活用すべきととらえられ，特にグローバルに活躍する企業だけでなく，地域での事業持続を考える中堅，中小企業からも注目を浴びている。そしてSDGsを指針に解決へ向けて取り組むことへの経済効果は年間約1340兆円の経済価値を持つ市場を生み，2030年までに3億8000万人の雇用を創出する可能性があると言われている。

　また，SDGsの考え方の中核をなす「だれ一人取り残さない」という考え方を実践しようとすると，現状から達成に向けて昨対比等で計画を立てる「フォアキャスティング」的な発想ではなく，あるべき姿から逆算して計画を立てる「バックキャスティング」的発想が重要となる。さらに個人や一企業できることは限られており，より他者や他セクターとのパートナーシップが重要となる。ここにおいても，SDGsへの取り組みは，協働のきっかけとなり，これまで出会うことのなかったセクターや連携によって新たな社会課題の解決に向けた新結合，すなわちイ

※ 17 のゴールへの取り組みは発展途上国だけでなく先進国も取り組むべき課題となっている。
出典：国連広報センター

ノベーションが当然起こりうる可能性
が高まってくる。これからの時代は，
SDGs を一つのキーワードに連携して
事業を行うことがより当たり前とな
り，また皆さんのキャリアにおいても，
新たなイノベーションを起こしながら
そのキャリアを歩んでいく可能性が高
まってくるだろう。

《参考文献》
国連広報センター
https://www.unic.or.jp/activities/economic_
social_development/sustainable_develop
ment/2030agenda/sdgs_logo/
まち・ひと・しごと創生基本方針 2019
https://www.kantei.go.jp/jp/singi/sousei/
info/pdf/r01-06-21-kihonhousin2019gaiyou.
pdf
SDGs 認知度調査　第5回報告（朝日新聞社
2019 年 8 月）
https://miraimedia.asahi.com/sdgs_
survey05/
（いずれも最終アクセス日 2020 年 1 月 14 日）

第 **7** 章

宍粟市における
林業イノベーション

前田 千春
兵庫県立大学地域創造機構

日本の国土の4分の1を占める人工林では森林資源の本格的な利用期を
迎えており，林業分野では素材生産業者のイノベーション的取り組みに
より，新規参入者の定着および生産性の向上を図っていくことが必要とな
る。本章では，兵庫県内一の素材生産量を誇る宍粟市において，多様な事
業展開や利益の最大化に向けた林業イノベーションに取り組む林業事業
体について紹介する。

キーワード

林業事業体　森林　経営の効率化

1　森林・林業を取り巻く現状

　日本は，国土面積 3,779 万 ha のうち，森林面積は 2,505 万 ha であり，国土面積の約 67% が森林という森林国である（林野庁，2019）。森林は，水源涵養，国土の保全，保健・レクリエーション，生物多様性の保全，地球温暖化の防止，木材生産といった多面的機能を有しており，私たちの生活と深く関わっている。そして，これらの多面的機能を持続的に発揮させるためには，森林を適切に管理し，維持していく必要がある。

　日本の 2,505 万 ha の森林のうち，約 4 割に当たる 1,020 万 ha が人工林である。これらの人工林は，戦後，人手と時間をかけて造成されてきた。現在，人工林はその半数が一般的な主伐期である 50 年生を超え本格的な利用期を迎えているとともに，蓄積量も約 33 億㎥と森林全体の約 6 割を占めているなど，森林資源はかつてないほどに充実している。しかし，2016 年の木材の国内生産量は 2,714 万㎥であり，人工林の年間蓄積増加量約 5,300 万㎥と比較すると十分に活用されているとは言えない状況にある（林野庁，2019）。日本における木材自給率は約 4 割であり，国内で生産された木材については活用の余地が残されている。したがって，今後は本格的な利用期を迎えている森林資源を利用していかなければならない。そのためには，全国各地で林業事業の拡大が必要である。

　しかしながら，日本では高度経済成長期およびバブル経済期を中心に，都市への人口集中が進み，農山村の人口減少と高齢化が進んでいく中で，林業従事者数は 1980 年以降も著しく減少し，高齢化が進展してきた（図 1）。若者を中心とする新規就業者の確保及び育成が喫緊の課題と捉えた林野庁は，2003 年度から，林業への就業に意欲を有する若者を対象に，林業に必要な基本的技術の習得を支援する「緑の雇用」事業[1]を実施するなど，若者の林業への就職と定着を図ってきた。その結果，林業の高齢化率（65 歳以上の割合）は，2015 年は 25% で，引き続き全産業平均の 13% に比べ高い水準にある一方で，若年者率（35 歳未満の割合）をみると，全産業が減少傾向にあるのに対し，

林業では 1990 年以降増加傾向で推移し，2015 年には 17％となるなど，近年では若年者の林業への参入が目立つ（林野庁，2018）。その一方で，「緑の雇用」事業により林業経営体に就職した林業従事者の定着率は 3 年経過時点で約 7 割，10 年目での定着率は 5 割を切っており，他産業と比べて離職率が高くなっている（林野庁，2019）。今後，日本全体で人口減少および労働者人口の減少が見込まれる中で，利用期を迎えた日本の森林資源の活用していくためには，林業分野でのイノベーション的取り組みにより新規参入者の定着および生産性の向上を図っていくことが必要である。

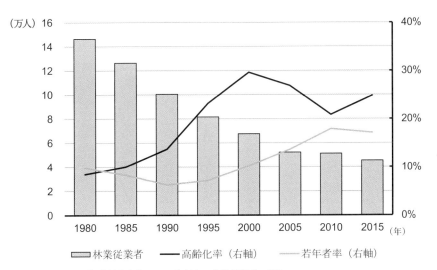

注 1 ）高齢化率とは，65 歳以上の林業従事者の割合
注 2 ）若年者率とは，35 歳未満の林業従事者の割合

図 1　林業従事者数の推移
出典：総務省「国勢調査」より筆者作成

2　兵庫県および宍粟市の森林・林業

　兵庫県は，「日本の縮図」とも言われるように，北は日本海，南は瀬戸内海，太平洋に面し，中央部には中国山地が東西に横たわり，多様な自然環境を有している。県南部には，神戸，阪神，播磨の大都市地域がある一方で，中部・北部には豊富な森林資源が存在しており，県土面積の67%にあたる56.1万 ha を森林が占めている（兵庫県農政環境部，2019）。また，木材の産地と消費地が近接しており，林業にとって有利な地域であることも兵庫県の特徴である。

　兵庫県の中で，最も林業の盛んな地域が西播磨に位置する宍粟市である。市内の面積 65,854ha のうち，森林が占める割合は90%（59,109ha）にも及ぶ（宍粟市，2018）。宍粟市は，その広大な森林面積と，交通の要衝となっていた地理的な利点を活かし，兵庫県では古くから林業地として栄えてきた。大正末期には，市北部の波賀町に森林鉄道を敷設し，原木の搬出先となった市南部の山崎町は木材商で賑わっており，また，製材所が市内に80社以上存在するなど，兵庫県内の木材産業において重要な役割を果たしてきた（東河内生産森林組合，2017）。その後，他地域と同様に戦後の燃料革命による薪炭需要の減少，また，外材輸入等による木材の価格低下などの要因で，林業および木材産業は縮小の一途をたどり，また，林業従事者も減少してきた。そのような状況下でも，宍粟市内で木材生産は継続して行われてきた結果，近年では素材生産を担う新規の林業事業体が増加傾向にある。

　宍粟市における 2017 年の素材生産量は 84,079 ㎥で，兵庫県内の素材生産量のうちの28%を占めており，素材生産量は県内一を誇る。山崎町には株式会社山崎木材市場が存在し，宍粟市および周辺地域で生産された丸太の多くがここで市売りにかけられる。山崎木材市場は，中国自動車道の山崎 IC からほど近く，宍粟市周辺地域で生産された丸太を求めて，兵庫県内だけでなく，岡山県・鳥取県を始め近隣府県から製材業者等が買い付けに来る。木材加工の分野では，2010 年に兵庫県が「新たな県産木材の加工・流通システム」の拠点として県内の民間企業に参画を促しながら施設整備した協同組合兵庫木材センタ

ーが一宮町で稼働し，県産材および国産材を使用しながら，外材等に対抗できる価格と高い品質を備えた製材品を安定供給している。また，兵庫木材センターは2014年現在で57人の新たな雇用機会を創出するなど，地域経済の活性化にも貢献している（兵庫県農政環境部農林水産局林務課，2014）。さらに，2017年には市内に林業従事者を育成する兵庫県立森林大学校[2]が新設されるなど，宍粟市は兵庫県内の木材の産地や加工拠点としての機能を果たすだけでなく，人材育成の役割も担っている。

　宍粟市内の素材生産業者を詳しく見ると，2017年現在，宍粟市には21の林業事業体が存在し，宍粟市内とその周辺地域における木材生産を担っている（宍粟市，2017）。2007年の事業体数は12であったことから，この10年で9事業体が新たに素材生産を始めており，宍粟市における素材生産業が成長分野として注目され，新規参入が活発であることがうかがえる。2018年は21の事業体のうち7つの事業体が年間で10,000㎥以上の素材を生産しており，宍粟市の木材生産の中心を担っている。その中でも，新規参入者の定着と生産性の向上に向けてイノベーション的取り組みを実施している2社について紹介する。

写真1　山崎木材市場での市売り
出典：2018年11月，筆者撮影

3　株式会社グリーン興産 [3]

■ 株式会社グリーン興産の沿革

　株式会社グリーン興産は，宍粟市山崎町にある林業事業体で，1989 年に前身となる有限会社グリーン興産として設立された。設立当初は，林業分野としては保育事業を主とし，土木事業と緑化事業は，公共事業，民間事業を問わず事業を展開してきており，2006 年に組織変更し株式会社グリーン興産となった。林業分野としては保育事業のみを実施していたが，2004 年の台風被害による風倒木処理事業を契機として，高性能林業機械を導入し素材生産事業にも取り組むようになり，現在では年間 10,000 ㎥の素材生産を行っている。2018 年には会社を立ち上げた石原現会長から石原淳平社長に交代し，新体制で引き続き保育事業・土木事業・緑化事業と素材生産事業を含めた事業を展開している。グラップル，プロセッサ，フォワーダ，ザウルス等の高性能林業機械を所有している。

　2019 年 7 月現在の従業員は，理事 5 名，事務職員 1 名，現場作業員 18 名の合計 24 名で，年齢構成は 10 代が 1 名，20 代が 3 名，30 代が 6 名，40 代が 7 名，50 代が 5 名，60 代が 2 名であり，平均年齢は 42 歳となっている。主に現場作業員として若い従業員が多く活躍している。従業員の多くは林業を専門に学んできたわけではなく，林業以外の仕事からの転職者や高校卒業とともに入社した若年者が多く，入社後に一から林業の仕事を覚えた従業員がほとんどである。職員や現場作業員が自社で活躍できる仕組み作りとして，研修（大径木伐採，作業道作設等）に積極的に取り組むことで，技術の向上を図っている。また，外部研修等にも積極的に参加させ，森林施業プランナー [4] 等の資格取得についても支援している。他にも，年 1 回の社員旅行を実施し，従業員同士の親睦も図っている。

■ 従業員の新規雇用に向けた様々な取り組み

　グリーン興産は，先代の社長の頃から，森林に囲まれた宍粟市で林業の魅力を知ってもらうイベント等の取り組みを多岐にわたり展開してきた。1990年には，地域住民500人〜700人に地域の伝統および林業事業について紹介する森の感謝祭を開催した。近年では，2014年から2016年までみどりの集い.comを実施し，自社で子どもたちに向けて丸太切り大会やチェーンソーアート体験会を開催したり，大人向けに林業機械の展示を行ったりすることで，林業の仕事内容や魅力について紹介してきた。みどりの集い.comを開催した結果，イベント参加者がグリーン興産に興味を持ち入社するなど，確かな手応えを得た。他にも，少しでも多くの方が林業に興味を持ち，林業従事者になって欲しいという思いから，兵庫県西播磨県民局主催の林業就業相談会ではブースを出展して自社の仕事について紹介したり，職員がトークショーに登壇して林業の魅力や仕事のやりがいについて語ったりすることで，林業の魅力を発信している。

　また，グリーン興産はwebメディアを活用した情報発信にも力を入れており，自社ホームページでは会社の概要や業務内容，従業員について詳細を見られるよう整備されている。ホームページ以外にもSNSを利用しており，Facebookでは日々の業務を紹介するなど，自社の情報発信に積極的に取り組んでいる。さらに，2018年2月にはInstagramでアカウント（@greenkousan）を開設し，若者に向けても日々の業務の情報を発信し，素材生産やログハウスの設計など多岐にわたる相談も受け付けている。

　石原社長は自社での新規雇用に向けた取り組み以外にも，「宍粟市に次の世代にも仕事を作りたい」という思いのもと，宍粟市全体の雇用創出に向けた活動にも尽力している。

■ グリーン興産におけるイノベーション的取り組み

　グリーン興産のイノベーション的取り組みとして，まず，従業員の離職率の低減を目的に，従業員の安定雇用に向けた多様な事業を展開していることが挙げられる。林業は作業の都合上，大雨の日や雪が多い日には従事できない。全

国的に見ても，林業事業体は日給月給制で職員を雇用している事業体が多く，雨天日や荒天日は週休日となり，特に降雪地域では年間を通して安定した給与を受け取ることが難しい。グリーン興産も給与体系は日給月給制を採用しているため，林業だけに従事していては年間で安定した給与を支払うことは困難である。そのため，設立当初から，林業事業に加えて土木事業と緑化事業を展開することで収入を多角化させ，安定雇用を実現してきた。そして，近年ではさらなる収入安定に向けて，農業分野にも進出し，ジネンジョの栽培と生産に取り組み始めた。石原社長は，「宍粟市で林業に興味を持ち，働いてくれた従業員が少しでも長く安心して仕事が続けられるようにしたい」という思いから，将来的には農林複合経営を視野に入れており，通年で安定した給与を支払うことで従業員が安心して働ける状況を作り出せるよう日々努力を重ねている。

　一方，生産性の向上に向けたグリーン興産のイノベーション的取り組みとして注目したいのが，林業事業にドローンを活用している点である。ドローンは，林業分野において山地での迅速な情報収集への利用等による作業の効率化，また，到達困難な地点を撮影し森林の状態を確認できるツールとして災害時などの活用が期待されており，近年注目されている。グリーン興産では，2018年7月の西日本豪雨により宍粟市内で流木が橋に詰まり，濁流が地域に押し寄せた際には，流木の撤去作業など災害復旧作業に従事しながら，ドローンを飛ばし土石流の発生源を特定するなど，災害時の状況を確認するツールとしても活用した。他地域では，ドローンに搭載したカメラで山林の3次元画像を撮影し，樹高などのデータを基に木材の体積を測定し，山林所有者が得られる収入を試算することで，森林資源調査を省力化している事例もある。今後はグリーン興産でもドローンを活用して詳細な森林資源調査を実施し，調査人員の省力化をすることで，林業事業の効率化とそれに伴う事業の更なる拡大が期待できる。

写真2　プロセッサによる素材生産の現場
　　　出典：グリーン興産提供資料

写真3　間伐施業後の林地をドローンで撮影
　　　出典：グリーン興産提供資料

4　有限会社杉下木材 [5)]

■ 杉下木材の沿革

　有限会社杉下木材は，宍粟市山崎町にある林業事業体で，1967 年に設立された丸幸木材から 1988 年に独立し，素材生産業を中心とした林業事業を実施してきた会社である。1996 年には有限会社杉下木材となり，素材生産や森林整備等の施業を請け負うほか，森林所有者等に働きかけ，施業の集約化や経営の受託等に取り組むなど，地域の森林資源管理において大きな役割を果たしてきた。2017 年には，地元の山主に少しでも多くの利益を還元するため，木材粉砕機を導入し，バイオマス発電用チップ生産を開始するなど，地域の森林を適切に管理する仕事に尽力している。林業機械は，グラップル・プロセッサ・フォワーダ等の高性能林業機械を所有しており，2018 年の素材生産量は約 14,500 ㎥で，そのうち半分はチップ材としてバイオマス発電所に出荷している。木材としての出荷先は山崎木材市場（宍粟市山崎町）および津山綜合木材市場（岡山県津山市）である。

　2019 年 7 月現在，役員 2 名，従業員 9 名の 11 名で会社を運営しており，うち，従業員は 20 代が 7 名，30 代が 1 名，40 代 1 名と多くの若手従業員が活躍している。従業員が林業に関係する資格を取得することを積極的に支援し，「緑の雇用」事業を活用したフォレストワーカー研修をはじめ，様々な研修に参加させ，従業員の技術の向上を図っている。また，資格の取得も積極的に応援しており，2019 年 7 月現在，林業技士・フォレストマネージャー・フォレストリーダー・フォレストワーカー・森林施業プランナーが在籍している。

■ 杉下木材で活躍する若手従業員

　杉下木材で活躍している若手従業員として，瀧本貴之氏を紹介したい。瀧本氏は 1991 年生まれの 27 歳で，2012 年から杉下木材の従業員として働いている。宍粟市波賀町で生まれ育ち，地元の山崎高校普通科を卒業後は，卒業と同時期

に宍粟市に設立された協同組合兵庫木材センターに就職した。兵庫木材センターでは，森林施業計画に基づき現場での作業計画をたて，下請けの素材生産業者に伐採作業を引き渡す仕事を担当していた。高校時代までは山に囲まれて育ったものの林業に関わった経験はなく，就職後に林業について覚えてきた。兵庫木材センターで働いているうちに，地域に根付き，地域の個人有の小さな森林を管理するような仕事に就きたいと考えるようになり，2012年に杉下木材へと転職した。ちょうどその頃，全国的に森林管理の制度が森林経営計画制度へと移り変わる時期でもあり，地域の個人有の小さな山を集約化し，林業事業体が森林経営計画をたてることができるようになった。そこで，すぐに杉下社長とともに森林施業プランナーの資格を取得し，森林の団地化と施業の集約化に取り組み始めた。始まったばかりの制度であったこともあり，分からないことがほとんどで，まずは林家を1軒ずつまわり，森林を管理させてもらえないかを交渉する中で，自身の林業に関する知識や，森林の団地化と施業の集約化への理解を深めていった。

　2014年頃からは，引き続き森林の団地化と施業の集約化の作業を担当しながら，国有林の下請け作業の申請書の作成等，杉下木材の作業量を確保する仕事を中心に担ってきた。その中で，素材生産量の増加に向けて作業の効率化を意識した施業計画の実施に取り組み，杉下木材の素材生産量の増加に大きく貢献してきた。その結果，杉下木材はわずか従業員9名で年間10,000㎥以上の素材生産量を達成するなど，素材生産では作業の効率化が行われてきた。

　2017年からはさらなる素材生産の効率化を目的に，1本の木から得る利益を最大化させ，生産性及び収益力の向上に向けた業務を開始した。近隣の木材市場に出向き，市の傾向を調査した上で，樹種別で高く売れる長さや太さをデータ化し，最も高く取引される直径と長さの丸太の採材プランをコンピュータ上で算出する作業に従事している。算出したデータは，素材生産を行う現場作業員と共有し，利益の最大化を図っている。また，近年はこれまでの杉下木材での経験を活かし，後輩の若手従業員の育成にも力を入れている。

　高校卒業から林業関係の仕事について，約10年が経過する。今では，林業以外の仕事は考えられないほどやりがいを感じている。「地域の山主の方々に，杉下木材の作業後，『山をめっちゃきれいにしてくれた』と褒められると，本

当に嬉しい。また，地域の役に立てていると感じる。杉下木材に山を任せれば大丈夫，と思っていただけるように今後も仕事を続けていきたい」と語る瀧本氏の目には，これからの林業への期待感と，地域への愛情がにじみ出ていた。

■ 杉下木材におけるイノベーション的取り組み

　杉下木材の林業事業におけるイノベーション的取り組みとして挙げられるのが，1本の木から得る利益を最大化させ，生産性及び収益力の向上を図っていることである。杉下木材では，近隣の木材の市の傾向を調査した上で，樹種別で高く売れる長さや太さをデータ化し，最も高く取引される直径と長さの丸太の採材プランをコンピュータ上で算出し，それを元に素材生産を実施することで，利益の最大化に取り組んでいる。市場で丸太を購入する製材工場や合板工場等の木材加工業者は，木材製品の種類ごとに求める品質が異なり，また，年間計画に基づき安定的に数量が必要となる。杉下木材はこれまでの林業では当然のように考えられてきた木材流通のあり方を供給側（素材生産者側）の視点から行うのではなく，需要に基づく計画的な木材生産を実施するマーケットインの発想で生産性の向上および利益の最大化に取り組んでいる。このような利益の最大化に向けた取り組みにより，杉下木材の素材生産はさらなる効率化が見込まれ，結果として従業員の安定雇用に繋がっていくことが期待できる。

写真 4　杉下木材で働く瀧本氏

出典：2019 年 7 月，筆者撮影

写真5　現場に出て作業の進み具合をチェックする瀧本氏
出典：2019年7月，筆者撮影

5　林業におけるイノベーションの必要性

　宍粟市ではこれまで林業担い手育成対策事業[6]や新規事業体育成支援事業[7]
等により，新規参入者の獲得に積極的に取り組み，多くの従業員の新規雇用や
林業事業体の新規参入を支援してきた。その結果として，宍粟市の林業事業体
に伺うと多くの若手従業員が林業の現場作業員として働いている姿を目にする。
しかし，若年層の新規参入者の離職率が高いという課題は他地域と同様に抱え
ており，その主な原因の1つとして，仕事量に見合う給与が得られないことが
挙げられるという。林業事業体は新規参入者の定着を図るために，グリーン興
産のように給与の安定に向けたイノベーション的取り組みや，杉下木材のよう
に利益の最大化に向けたイノベーション的取り組みにより給与水準を改善して
いく必要があるだろう。
　杉下木材は瀧本氏という新規参入者を，時間をかけて育成した結果，素材生
産量の大幅な増加とさらなる利益の最大化に向けたイノベーションに繋がって
きた。このように，若年層の新規参入者の定着は，林業イノベーションへと繋

がる可能性を持っている。近年では，ICT の導入・活用によるスマート林業の展開が期待されており，若年層の新規参入者の定着は林業イノベーションの創出に繋がる可能性は高い。若年層の新規参入者が増加傾向にある今，宍粟市の林業事業体においては，新規参入者を時間をかけて育成し，新たな林業イノベーションが創出されていくことを期待したい。また，今後はこうしたイノベーション的取り組みを 1 事例にとどめるのではなく，宍粟市内の林業事業体で情報を共有することで，新規参入者の定着と増加を地域とともにすすめていくことも期待したい。

【注】

1）「緑の雇用」事業とは，林業経営体が新規に採用した労働者を基本に忠実な技術者として教育するため，講習や研修を行うことでキャリアアップを支援するという制度である。研修年次に応じて研修の内容をステップアップさせ，必要な技能を身につけられるよう体系的な研修プログラムが用意されている。

2）兵庫県立森林大学校は，次代の林業を担う人材の養成を行うとともに，森林に関わる人材等を幅広く育成するため，2017 年 4 月に兵庫県宍粟市一宮町に開設された森林林業に関する専門知識等を学ぶ 2 年制の専修学校である。森林についての幅広い知識の修得や，1,000 時間以上の実践的な実習による技能の習得，専門技術の資格取得等を通じて，（1）森林林業の即戦力となる人材，（2）森林林業の次代のリーダーとなる人材，（3）多自然地域に居住し，地域貢献する人材の養成を目指している（兵庫県ホームページ「森林大学校の紹介」ページ参考）。

3）本章の株式会社グリーン興産の取り組みに関する記述の多くは，2018 年 11 月〜 2019 年 7 月のグリーン興産代表取締役・石原淳平氏，専務取締役・前田将吾氏へのインタビュー調査に基づくものである。

4）森林施業プランナーは，路網設計や間伐方法等の森林施業の方針，利用間伐等の施業の事業収支を示した施業提案書を作成し，それを森林所有者に提示して合意形成と森林施業を集約化する提案型集約化施業が実行できるという民間資格のことである。森林施業プランナーは提案型集約化施業以外にも森林所有者の委託を受け森林経営計画を作成するなど，森林管理に関わるスペシャリストとして林業界における重要な役割を担っている（森林施業プランナー協会，2014）。

5）本章の有限会社杉下木材の取り組みに関する記述の多くは，2019 年 6 月〜 7 月の杉下木材代表取締役・杉下勇己氏，瀧本貴之氏へのインタビュー調査に基づくものである。

6) 林業担い手育成対策事業では，林業事業体が県の認定を受け，新たに林業就業経験が 2 年未満の就業者を雇用する場合，全国森林組合連合会が実施する現場技能者育成対策「緑の雇用事業」の研修にかかる経費の一部を宍粟市が負担する。「緑の雇用事業」の研修参加を条件として，各年度の研修参加月数に 1 人につき月額 2 万円を上限に乗じた額が 3 年間林業事業体に助成される。

7) 新規事業体育成支援事業では，起業から 5 年以内の新規林業事業体が，従業員を常用雇用する場合に必要となる人件費，社会保険料，技能講習料並びに市内に居住するため必要な経費を宍粟市が負担する。林業就業経験が 2 年未満の従業員を常用雇用する場合は「緑の雇用事業」に移行するまでの期間において 1 人につき年額 140 万円以内，林業就業経験が 2 年以上の従業員を常用雇用する場合 3 年間の範囲内で 1 人につき年額 90 万円以内が助成される。

《参考文献》
- 宍粟市（2018）「宍粟市の林業 - 森林から創まる地方創生 -」
- 森林施業プランナー協会（2014）「平成 25 年度森林施業プランナー 実践力向上対策事業認定森林施業プランナー 活動事例集 Vol.2」
  https://shinrin-planner.com/circumstances/katsudozirei/（最終アクセス日 2020 年 2 月 12 日）
- 東河内生産森林組合（2017）「次代に引き継ぐ林業経営」
- 兵庫県農政環境部（2019）「平成 29 年度兵庫県林業統計書」
- 兵庫県農政環境部農林水産局林務課（2014）「事後評価調書 県産木材供給センター総合整備事業」
  https://web.pref.hyogo.lg.jp/ks04/documents/h26j-01-kensanmokuzaikyokyucentersogoseibijigyo.pdf（最終アクセス日 2020 年 2 月 12 日）
- 兵庫県ホームページ「森林大学校の紹介」https://web.pref.hyogo.lg.jp/cs01/moridai2017_3.html（最終アクセス日 2020 年 2 月 12 日）
- 林野庁（2019）「令和元年版 森林・林業白書」
- 林野庁（2018）「平成 30 年版 森林・林業白書」

コラム 地域金融機関による地域の人材確保へ向けた取り組み

中島 高幸（株式会社但馬銀行地域密着推進課）

但馬銀行は地方創生の取り組みの一環として，Uターンの促進や人材確保を目的とした事業を行政，地元事業者と連携のうえ実践している。金融機関が率先して地域の課題に取り組む経緯や本件取り組みを通じて得られた効果は次のとおりである。

■背景

但馬銀行は兵庫県豊岡市に本店を置く地方銀行で，県内に 66 ヵ店（県外3ヵ店）の支店を構えている。本店所在地である県北部の但馬地域（豊岡市，養父市，朝来市，香美町，新温泉町で構成）では，若者は高等学校卒業後の進学を機に都市部に転出する機会が多く，そのまま都市部や県外に就職・定住するケースが多い。

人口が右肩上がりに増加していた時代では，人材が都市部に流出しても一定数の人員は確保できていたと考えられるが，現在は待ったなしの状況にあると認識している。

地域金融機関の経営の観点においても，地域経済の持続的な発展なくして自行の経営は成り立たない。融資先や預金先である取引先企業の成長こそが地域経済を支える根幹であり，取引先企業による人材確保は喫緊の経営課題になりつつある。

こうした背景を踏まえて，都市部の大学等に進学した学生をターゲットとして，地元企業の魅力や地域で働くことのやりがいなどを伝えるためのインターンシップ事業を行政（兵庫県，養父市）と共同で企画し，平成 28 年から毎年実施している。

■事業者への効果

学生の受入企業はもちろん県北部の企業であり，前向きな事業計画を持つ経営者を中心に複数の企業で構成されている。

もともと自社でインターンシップを行っていた企業は少なく，ノウハウも乏しかったことから，10 〜 15 社による合同インターンシップとしている。参加学生の募集や受付事務などの運営を地域金融機関が担うことで，多くの企業が参加しやすい環境を用意している。企業にはインターンシップが学生の就職活動において重要な役割を果た

していること，インターンシップの教育的な側面などを丁寧に説明し参加協力を頂いている。

　また，学生たちにとって有意義な機会を提供し，自社の魅力を限られた期間で伝えるため，プログラム策定勉強会を開催し内容の充実を図っている。こうした取り組みはUターンの促進という当初の目標に加えて，企業による採用活動の活発化や自走化に繋がっている。

　ある企業は自社で通年のインターンシップ受入を開始し，大学へのPRを自社で行うようになった。採用強化を意識して自社HPの見直しに着手した企業もある。

■行政による支援

　行政には都市部から当地までの参加学生の交通費，広告費，会場費などの支援を受けている。養父市と共同で2017（平成29）年から開催している「養父市インターンシップ」では上記の支援に加えて，市役所の担当部署との検討会議を月1回程度設けて，イベント内容や情報発信について意見交換を行っている。また，兵庫県但馬県民局の企業向け支援策である「但馬インターンシップ助成金」（学生へ支給した給与の半額を助成する制度）を有効活用している。こうした行政による支援策をフル活用するとともに，当行では店舗網を活かして神戸・阪神間の大学にアプローチし，各大学で行われているインターンシップ説明会に積極的に参加するなど情報発信を行っている。

■今後に向けて

　さて，当初の課題であった学生による地元企業への就職にも一定の成果があった。これまでインターンシップに参加した学生のうち，毎年1～2名が地元の企業へ就職している。

　アンケートや本人たちのコメントによると，参加する学生はもともと地元での就職意識が高い傾向にあり，当インターンシップはこうした参加者の背中を押す役割があると考えている。今まで漠然としたイメージしか持たなかった参加者が，企業の事業内容や経営者の人柄を知り，仕事を体験し，地元で働くことのイメージを膨らませてくれることで，地元での就職を選択肢のひとつに加えてもらえれば幸いである。

　一方で参加企業には大手企業とは異なる地域の企業だけが持つ仕事の魅力を伝えてほしい。自身の活躍が企業の成長や地域の発展に繋がること，地方にいても成長できることをしっかりと

学生たちに伝えてほしい。まだまだ小さな取り組みであるが地域金融機関と

して地域の発展に少しでも貢献していきたい。

写真1　養父市インターンシップでの業界研究セミナー
出典：株式会社但馬銀行提供

写真2　企業担当者との意見交換の様子
出典：株式会社但馬銀行提供

第 8 章

IoTとデータを活用した地方創生
イノベーション・エコシステム

松崎 太亮
神戸市企画調整局

「課題先進国」である我が国では，地域の社会厚生の向上が重要な課題であるが，十分に成果が出ていない。本章では，地域の課題をICTやデータの利活用を通じて解決し，地域を活性化する形成要件について兵庫・神戸の実例から分析した。不可欠な3要素は，①地域デジタルトランスフォーメーション（DX），②オープンガバナンス，③官民データの利活用，であり，具体的な解決策として，Ⅰ「実証環境の整備−地域DX推進実験室」，Ⅱ「IoT人材の育成−産学官間の雇用流動化の拡大」，Ⅲ「データ活用推進−Gov Tech市場の醸成」によって，産学官民が協働する「地方創生イノベーション・エコシステム」を提案する。

キーワード

イノベーション・エコシステム　デジタルトランスフォーメーション
オープンガバメント　IoT　データ活用

1　デジタルトランスフォーメーション（DX）と オープンガバメント

　今日，市民生活のあらゆる場面でICT機器の爆発的な普及でAI，ビッグデータ，IoTの社会実装が進み，革新的なデジタル製品やサービスが新たに登場している。これらを活用して社会厚生を高める一つの方法は，デジタルトランスフォーメーションである。デジタルフォーメーション（DX）とは，「ITの浸透が人々のあらゆる面でより良い方向に変化させる」概念を指す（Stolterman, 2004）。DXは，サービスレベルと効率性を上げるだけでなく，地域にイノベーションをもたらし，新たな活力を与えるエコシステムを形成する。エコシステムとは，「ビジネス界の生態系の基盤として，組織や個人の相互作用を基盤として支えられている経済界」（Moore, 1995）を指し，生産者や利害関係者などが相互に有機的に連携しあって付加価値を持つ製品やサービスを創出している。そこでは，スタートアップや既存企業と行政とが協業して，社会課題を解決するサービスがビジネスとして成立すると共に，地域活性化に貢献する市民が成長・活躍できる場が形成されつつある。

　イノベーションを創出する有機的なつながりは，イノベーション・エコシステムと呼ばれ（Bahrami and Evans, 2000），ベンチャー企業の創業・成長を支援する弁護士，会計士などの専門家集団はベンチャーエコシステムと呼んでいる。これまで，企業のイノベーションに必要な情報やアイデアは，一企業内での内部努力や取引相手または大学・公的研究機関を通じて導入されていたが，（Chesbrough, 2003）の言うオープンイノベーションの時代には，産学官の分野を越えてICTやデータを駆使して，地域内外の関係機関が有機的に連携することから生まれる（松崎・滋野・辻, 2019）。

　DXを推進している海外の事例を挙げると，スマートシティを標榜するエストニア共和国やシンガポールなど国単位から，サンフランシスコ市，バルセロナ市など地方都市単位まで，多くの公共サービスをデジタル化またはデータで解析し提供することにより，市民生活や経済活動，地域コミュニティ，インフラ，行政サービス，市民参画活動など広い分野でイノベーションが創出されて

いる。即ち，ICT とデータを活用した DX を実現して活性化した都市は，オープンガバメントを推進しており，DX とオープンガバメントはイノベーション・エコシステムと親和性が高いと言える。

　オープンガバメントは，透明で開かれた政府を実現するために，市民参画協働，透明性確保，オープンを基本原則とする概念および政策である。その目的は，行政の情報公開（オープンデータ），市民参画協働の推進（Civic & Gov Tech），分野の壁を越えた産学官連携による新たな市場（Gov Tech マーケット）の出現により，市民や事業者に恩恵がもたらされることにある（表1，用語については後述）。オープンデータは，2013 年の G8 サミットで「オープンデータ憲章」が合意された後に各国に広がり，日本も行政活動で生じたデータは原則全て国民のもので（Open by Default：公開前提），国や自治体のオープンデータ推進が始まった。

表1　神戸市のオープンガバメント

産学連携実証	IoT 活用実証・実装，データ分析・活用
IoT 人材活用育成	データアカデミー，スタートアップ育成
課題解決ビジネス化	地域課題解決ビジネス，Urban Innovation Kobe，働き方改革

出典：筆者作成

■ DX とオープンガバメント推進をめぐる動き

　わが国は少子高齢化，人口減少社会，エネルギーや環境問題，都市部への一極集中など様々な現代的課題を持つ「課題先進国」である。しかし，DX 先進国に比べて ICT やデータを活用して生産人口の減少を補う効果を十分に上げられていない。さらに，これまで優位であった自動車製造における技術開発力は，自動運転で優位に立つ Google など巨大 IT 企業が主導権を握り，これまでの構造が変化しているだけでなく，ICT を駆使するイノベーティブな人材の層が薄いなど，国際競争力の低下が叫ばれて久しい。また，デジタル経済は社会を変革する一方で，市場価値の源泉であるデータを一部の企業が占有し続け，富や資金が流入するプラットフォーマーが独占する「データ覇権」が経済社会の健全な発展を阻害する懸念もある。

　経済産業省は,「DXシステムガイドライン」(2018)で, DXの推進にはデータの利活用が鍵であるが, データ・情報資産を多く保有するにも関わらず, 連携・活用しきれていない現状を指摘し, データを蓄積・処理するITシステムが必要と述べている。

　日本経済再生本部は,「未来投資戦略」(2018)において,「Society 5.0」,「データ駆動型社会」への変革を目指し, 国は, ヘルスケアシステムや次世代モビリティ, 行政の生産性革命(デジタルガバメントの実現)を早急に取り組むべき施策として示している。

　一方, 企業のデータ連携と同様に, 行政においても内外部とのデータ連携は進んでいない。世界的なオープンガバメントの流れを受けて, 日本でも機械判読に適した形で2次利用可能なルールで公開するオープンデータの推進が叫ばれている。2015年「官民データ活用推進基本法」が策定・施行され, データ利活用計画の策定を都道府県レベルに義務付け, 市町村には策定を推奨している(法第8, 9条)た。その結果, 49都道府県は全てオープンデータとして公開しているものの, 市町村レベルでは全国1,788自治体のうち668自治体(37%)しか公開していない状況にある(総務省, 2019)。

　以上より, 地方で社会経済厚生を向上させるためには, ①DXの推進, ②オープンガバメントの推進, ③データ利活用, が必要要件と仮定されるが, 推進の課題は何か。本章では, 兵庫・神戸を例に, 社会課題の解決のためにICTやデータを活用してDXとオープンガバメントの実現を目指す「地方創生イノベーション・エコシステム」が形成される要件と手法を検証する。

2　公共データの分析・活用の課題

　前節で述べたように, 市町村におけるオープンデータの整備状況は進んでいない。その主な理由は,「データの利用用途が不明」,「メリットを感じない」,「担当職員が不足」,「専門的人材が不足」,「業務増になる」がある(関西情報活性化センター, 2018)。また, 個人情報保護の過敏反応, データ公開の基準が未

整備などの理由により，自治体自身がデータの利活用効果を十分認識できておらず，公開に消極的である。データ活用による成功事例が少ない（把握できない）理由も大きい。

　市民の情報や各種データを保有する「データの宝庫」である自治体には，データ分析と活用推進が求められる。これまで職員が偶然見聞きした事象や限られた経験と感に基づく政策立案・実施（エピソードベース）ではなく，広範なデータに基づき多角的に検証し，現状を迅速・的確に判断する EBPM（Evidence Based Policy Making：エビデンスやデータに基づく政策決定）が，各省庁で普及し始めている。総務省はデータ整備・活用を目指して，2020年度までに自治体のオープンデータ取組み率100％の達成を求めており，「オープンデータ研修ポータル」を開設し（2018年12月），リーダー育成，オープンデータ化支援，e-learning，オープンデータ伝道師の派遣など研修・相談を実施している。

　以上より，オープンデータの活用推進には公共データの分析・活用事例を積み重ねること，行政データを整備・公開するメリットの浸透と，体制・ルールの構築，職員意識の向上策の実施が課題である。

■ データ形式の標準化　－地域交通における DX の課題－

　近年，公営バスのサービス向上策の一環として，バスロケーションサービス（以下バスロケ）を導入する公営企業が増えてきた。また，時刻表や運賃などのデータを公開することにより，企業がスマートフォンアプリを開発・ビジネス化する事例も増えてきた。しかし，一地域に複数のバス事業者が混在する場合，各々のバスロケシステムが異なり，バス利用者は各社のアプリをインストールする必要があり煩雑であった。また，クローズドシステムでは，ベンダーロックイン（受託事業者の固定化）の原因にもなる。

　これを解決する事例が岡山にある。民間事業者である両備バスは，市内バス事業者と組んでバスロケとして地域全体のバス情報を提供する，地域統合型バスロケサービス「Bus-Vision」を開始している。Bus-Vision は，バスの位置データを国際的な標準である GTFS（General Transit Feed Specification）形式

により統一して取扱うことで，複数事業者のリアルタイムのバス運行情報を統合的に把握できるサービスを利用者に提供している。GTFS は，利用者目線に立った官民データの公開と活用のための連携の好例であり，国土交通省は形式の統一を推奨している。「バス離れ」や地域交通網の危機に瀕している地方で，サービス維持・向上を目的とする地域 DX とデータ統合化の流れは必然である。建築分野にも同様のケースに，（BLDS：Building and Land Specification）がある。公開データの活用推進には，データ形式の標準化と，2 次加工しやすい形式である API（Application Platform Interface）での提供など，共通語彙基盤の様な相互利用ルールの確立も課題である。

■ 行政（地方自治体）の IoT 投資効果の評価

　行政課題は年々複雑多岐化し，課題解決だけでなく解決プロセスの効率化が求められている。地方自治体は財政難と職員削減の条件下で多岐にわたる行政課題を解決しなければならない一方で，行政改革や働き方改革を同時に達成することが求められている。また，AI（Artificial Intelligence）や RPA（Robotics Process Automation）の進化や市民生活にスマホやタブレットの普及が進む現代社会では，これらの情報プラットフォームを有効に活用することが効率的であり，情報化投資に多くの予算が費やされてきた。日本の企業による情報化投資は 2011 年価格で 11.4 兆円であった。また，国と地方自治体の IT 投資額をみると，国が約 1 兆円，地方が 7200 億円となっている（総務省，2017）。

　進歩の速い ICT の専門分野を組織内で理解して導入判断することは困難である。また，緊縮財政下では自由にアウトソースできない。また，見落とされているのは，電子化による効果検証である。企業であれば ROI（Return on Investment，投資効率）を検証するが，自治体の場合は自己評定に基づくか，CIO（Chief Information Officer）や有識者が判断・評価する場合が多く見受けられる。実際自治体の CIO/CIO 補佐官の任用は年々増加している。CIO の職務内容を見ると，情報システムの全体最適化，調達，開発・運用の適正化などが主であり，ROI 評価は主たる業務に入っていない。市民サービス向上という「経営戦略」があり，ICT をツールとして効果的に使うには ROI の評価

と決断できる人材は必須である。

■ データ利活用人材の不足

　データが「21世紀の石油」と呼ばれるデータ駆動型社会では，統計データやオープンデータだけでなく，センサーやカメラのデータ，民間の販売データや人流データなど，あらゆる組織や個人が持つビッグデータを効果的に活用して，課題解決や新たなイノベーション製品やサービスを生み出そうとする動きが官民あげて加速している。これまで行政職員の「勘と経験」に基づいて策定・実施されてきた政策は，主としてPDCAサイクルの達成状況で効果を測定・評価していた。しかし，政策の透明性確保のためにも政策評価においてもEBPMのように科学的なデータに基づく説明が求められている。例えば，街づくり計画策定にカメラやセンサー，スマートフォンの位置情報（モバイル空間統計データ）を利用して，人の流れを予測して施設配置を検討する自治体も現れてきている。バルセロナ市が官民協働で構築したシティOS「Sentilo」のように，統合的な行政データを活用するOSは未だない。また，行政データの活用だけでなく，企業の枠を超えたデータ連携も進んでいない。加えて，わが国では事業計画や政策企画立案にデータを分析・活用リテラシーを持つ自治体職員は少なく，データサイエンティストの数は不足している現状がある。データ活用リテラシーは，課題解決のために仮説とシナリオを立ててデータを収集・分析できる力を言い，21世紀社会に必須の能力であり，学校教育や社会教育で育むことが必要である。

3 「Civic Tech」－地方創生の新たな担い手－

　2節で述べた課題を踏まえ，DXとオープンガバメントの推進要因を人材面から検証する。
　世界的なITエンジニア不足は日本でも同様であり，2030年には約79万人

が不足すると予測されている（独立行政法人情報処理推進機構，2017）。また，小学校におけるプログラミング教育が 2020 年に開始されるが，IT エンジニア不足は当面解消されそうにない。この現状に対処するには，今いる人材が活動しやすい環境を整備することが課題である。このなかで地方創生に新たな流れが生まれている。一つは，新たな市民参画活動の形である「Civic Tech」と，新たな地域課題解決の市場である「Gov Tech」である。本節では，社会課題の解決に自発的に取組む人材である Civic Tech の活動を通じて，オープンガバメントが推進される事例を紹介する。

　Civic Tech とは，未だ定説はないが「市民にエンパワー（権限委譲）する，または，政府へ効果的なアクセスを支援するために使われるあらゆる技術をさす」（Omidyar Network），または，「公益のために技術を使うこと」や「少数ではなく，多くの人々の生活を改善するために使われるあらゆるテクノロジーである」（Microsoft の Matt Stempeck）などを指す。本章では，Civic Tech を「IT 関連の技術と知見を有し，自発的に市民とコミュニケーションを図りながら社会課題の解決に協働して取組む人々とその活動」を指すと定義する。

　Civic Tech の活動は，社会課題や地域コミュニティの課題解決，行政との協働，IT 利活用人材の育成などがあり，主な活動団体は表 2 のとおりである。これらの団体に共通することは，IT を使って課題解決を図るために様々な組織と共創活動を目指している点にある。例えば，「共に創る」を掲げる Code for Japan や，「人をつなぐ，地域をつなぐ，ICT で地域は変わる」をミッションとする NPO 法人コミュニティリンク（神戸市）の IT エンジニア達が各地

表 2　Civic Tech の主な活動分野と活動団体の例

類型	活動内容	団体例
地域課題解決	ひぐま出没箇所表示アプリ 地域課題解決コンテスト	Code for Sapporo Challenge Open Governance （東京大学）
IT 人材育成	オープンソースコミュニティ プログラミング教育	Link Data Coder Dojo，Django Girls
行政との協働	自治体へ IT エンジニア派遣 Urban Innovation Kobe	Code for Japan NPO 法人コミュニティリンク

出典：Civic Tech へのヒアリングを基に筆者作成

域で活動している。

■ Gov Tech 市場の出現（新たな地域課題解決市場の創成）

　次に，DX とオープンガバナンスの推進要因を地域経済面から見てみよう。地方の課題を解決するための行政との協業スタイルが，市場として成長し始めている。今日 ICT はあらゆる分野で使用され，医療現場では Med Tech，金融では Fin Tech，食品では Food Tech と呼ばれている。同様に，一自治体が抱える課題を ICT やデータを活用して解決する手法を，同じ課題を抱える他の自治体にも適用できれば，それがビジネスとして横展開できる可能性を生む。これが Gov Tech 市場である。Gov Tech（ガヴテック）とは，行政（Government）とテクノロジー（Technology）を組み合わせた造語で，行政が積極的に新しいテクノロジーを取り入れ，業務の効率化や市民サービスをより良くする取組みを言う。Gov Tech は行政（国・自治体）の現場で採用されるテクノロジーである。

　その先進地である米国サンフランシスコ市（以下 SF 市と言う）では，シリコンバレーや集積する IT 企業との協働が盛んであり，STiR と Civic Bridge に分類される。前者はスタートアップとの協業，後者は既存企業との協業である。

　STiR（Start up in Residence）は，自治体とスタートアップが共に行政課題を解決するために協働する仕組みである。16 週間の期限での開発により解決策を模索する。STiR は，2014 年に SF 市の市長室にシビックイノベーション部を設置し，市民と行政との「イノベーション実験室」とでも呼ぶべき協働事業を始めた。具体的には，スタートアップの技術を使ってユーザーテストやデータ分析，プロトタイピングなど，効果的で即応性の高いサービスを展開する。16 週間と言う短期間ゆえにプロジェクトを評価しやすく，実効性を重視している。この結果，駐車場誘導などそれまで SF 市が抱えていた行政課題がアプリで解決された。その後，同じ課題を抱える他の自治体へ Civic Tech が派遣され，解決手法が伝播した。自治体との協業と経験した Civic Tech は起業したり，他の自治体でソリューションを提供するようになった。今日 STiR は行政課題解決のための実証手法の場となり，起業家の登竜門にもなっている。

　Civic Bridge は，市が持つ重大な課題に対し，既存企業がプロボノ的に協力（橋渡し）する「コホート（集団）」ベースの実証事業である。具体的には，SF 市のデータ収集と分析，可視化デザイン，マネジメント戦略など，企業が持つスキルを使って行政や他の企業と連携してソリューションを提供する。例えば SF 市の 911 コールセンターの傾向分析・改善提案など，ボランタリーに協力して行政課題を解決するスタイルは，企業にとって CSR（企業の社会的責任）や PPP（公民連携）でもある。2014 年に SF 市で始まった Civic Bridge は，2018 年にはワシントン DC やサンタクルーズ市など 11 自治体に展開している。

　Gov Tech と既存の IT ベンダーとの相違点は，前者が時限であり永続的なメンテナンス契約や無限のカスタマイズが無いこと，開発形態はスタートアップが持つ新たな技術を使って，アジャイルでオンプレミス開発（現場に入って開発）を基本とする点にある。

　Gov Tech のメリットは，行政には，オープンデータの活用，説明責任と行政の透明性，即応性，効率性の確保，市民や企業には，市民向けツール（アプリ）の作成・提供による市民サービス向上，市民の協働参画の推進，実証事業のビジネス化検討，などがある。

　Gov Tech と Civic Tech との違いを表 3 に記す。活動主体は共に IT エンジニアであるが，Gov Tech はビジネスベースであるのに対し，Civic Tech は当初ボランタリーベースである。恩恵を受ける主体は Civic Tech が市民であるのに対し，Gov Tech は生産性向上を主たる目的とする行政（自治体）である。つまり Civic Tech は市民自らの参画活動であるのに対し，Gov Tech は企業エンジニアによる市民サービス向上のための行政支援活動である。そして，Gov Tech は，行政の生産性改革でもある。今後 STiR は日本の自治体でも取り入

表 3　Gov Tech と Civic Tech の相違点

	Gov Tech	Civic Tech
活動主体	IT エンジニア，企業，起業家	IT エンジニア，市民活動家
恩恵を受ける主体	顧客としての行政（国・自治体）	受益者としての市民
対象	行政運営主体（自治体）	コミュニティ（地域団体）
推進目的	行政効率化，市民サービス向上	市民参画活動活性化

出典：筆者作成

れられ，各地で市場として成長すると予測される。

■「Urban Innovation Kobe」

　日本版のSTiRと言えるのがUrban Innovation Kobeである。Urban Innovation KOBE（UIK）は，柔軟な発想や優れた技術力を持つスタートアップと，社会・地域課題を持つ自治体職員が協働して最適な解決手法を見出し，行政サービスとして構築・実証までを支援する日本初の地域課題解決プロジェクトで2018年度に始まった。

　UIKは，自治体が持つ課題テーマを提示し，その解決を目指すスタートアップを公募する。採択されたスタートアップと市職員が約4カ月間，起業家育成のプロからメンタリング指導を受けながら，アプリやシステムの開発，実証実験までを協働で行う。行政には課題解決や業務改革になるメリットがある。一方，スタートアップ企業には，アジャイル開発をしながらプロトタイピングができ，併せて顧客ニーズを把握しマーケティングもできるメリットがある（図1）。

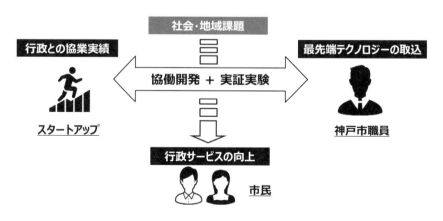

図1　協働実証実験の概念図

出典：Urban Innovation Kobeを参考に筆者作成

　UIK は，これまでの自治体のプログラムである企画提案型公募，委託契約，実証事件などとは異なる実装を目指した「協働実証実験」である。

　UIK はスタートアップ育成の取組みを通じて，神戸から事業を生み出せるというスタートアップエコシステムを構築することで，神戸を「スタートアップが活躍できる街」というブランドを確立し，さらにスタートアップを呼び込むサイクルの形成を目指している。

　2018 年度は，新たに 8 つの課題について協働するスタートアップを公募したところ，合計 60 社の応募があった（表 4）。なお，2019 年度からは，全国の自治体を対象とした「Urban Innovation Japan」に拡大している。

表 4　UIK で採択された課題一覧（2018 年度下期）

	課題	提案内容
1	毎月手作業で行う給与関係の届出処理の自動化実証	業務フローの分析，見える化による問題点の洗い出しと，RPA を活用した人手によるチェック作業の効率化
2	「AI × IoT × 空調設備」故障検知の実証実験	公立保育所室内環境のモニタリング等による空調設備の機能低下検知システムのプロトタイピング
3	神戸スイーツの革新的プロモーション実証実験	店舗と SNS 口コミ力のある消費者をマッチングできるグルメ情報サイトによる，神戸スイーツの PR
4	市民の防災意識を向上する水災害 VR の実証開発	水災害の VR プログラムを開発し，市民に災害の「危険性を安全に」体験してもらう研修メニューを導入
5	AI x 自動読み上げで災害情報を多言語で発信	災害情報を，即時かつ正しく多言語に自動翻訳し，Twitter で配信・音声データを作成するシステムを開発
6	女性の社会参画に向けたリカレント教育のニーズ検証	ターゲット層に合わせた SNS を活用する等のアンケートの実施，分析，データ提供
7	小学校教員向けプログラミング教員研修プランの開発	小学校教員のプログラミング教授能力を向上

出典：UIK のサイトより抜粋

　UIK の利点と課題について，採択された企業 2 社に聞いた。

　第 1 にレセプトチェックの効率化に関する株式会社モンスターラボのケースである[1]。神戸市国保年金医療課は，年間 250 万件にもおよぶレセプト（紙の診療報酬明細書）のチェックを手作業で行っている。毎月医療機関から送られ

てくる請求書には，「診療月が助成対象期間外」がエラー疑い件数の40％を占めており，「過誤附箋」作成作業に10分/件を要し，職員の負担になっていた。

UIK に採択された株式会社モンスターラボは，RPA（Robotics Process Automation）により自動化すると作業時間が0分となり，月38時間，年間では最大459時間が削減可能となる実証実験結果をまとめた。「テクノロジーで世界を変える」を社のミッションとして音楽・ゲーム・アプリ開発する同社の平石氏は，「これまで行政は遠い世界と考えていたが，現場の課題が具体的に示され，自社の技術で解決できると応募した」動機を述べる。また，「行政職員（国保年金医療課）の素早い対応と，改善したい熱意が伝わった一方で，「データ公開と提供の仕方に課題がある」と述べている。UIK で解決手法が示されたことにより，国保年金医療課は2019年度にRPA導入を予定している。

第2に子育てイベント参加アプリの実証開発をした，ためま株式会社のケースである2)。神戸市長田区役所まちづくり課では，多くの地域の子育てイベントが開催されているにも関わらず，認知度が低く，参加者が少ない課題があった。一方，0〜3歳児の子供を持つ子育て世代の親の7割は，子供と行く場所が見つけられない課題を抱えていた。また，イベントの主催者は高齢者が多く，チラシによる広報が中心で，ICTによる情報発信には課題があった。それぞれが持つ課題を解決したのがUIKである。課題公募に採択された，ためま株式会社は，地図アプリに特許を持つ企業であり，長田区と共同で「ためまっぷながた」を開発した。16週間の実証の結果，子育て1300世帯に情報が届くようになり，イベント参加者は550人から800人に増加し，住民満足度は98％となった。この結果，長田区は2019年度より本格導入を予定している。ためま株式会社の清水氏は，「UIKでの実証により，地域のニーズが分かり，行政からの信用度も上がった」と述べる。一方で「行政の産業支援策は，製造業支援が主で，（UIKのように）ICT企業の事情を理解した政策がなく，マネタイズの視点もない」と，これまでの産業支援策の課題を上げている。同社は，UIK実証を機に，他の自治体からの要望を受けて「自治体版パッケージ」を開発・販売しており，UIKが他の地域が持つ同様の課題解決を間接的に支える場となった。

上記に加えてUIKは，自治体の課題件数24件，解決率70％以上，調達に

至った課題は 40％以上の成果をあげている。

■ データアカデミー（DA）─データ活用人材の育成─

　いくつかの自治体ではオープンデータが整備・公開されているが，企業や市民が公開データを有効活用している例はまだ少ない。その原因は，「データを提供する側の自治体がメリットを感じていない」，「提供データが PDF など 2次加工できない」，がある。一方，企業側は，「欲しいデータや使えるデータがない，どのように分析・活用するか分からない」を理由にあげる（e-KANSAI 2017）。これはオープンデータをどのように分析・活用するかの「データ活用リテラシー」が低いことを意味する。神戸市は，データ分析や施策活用できる人材を育てるために，「データアカデミー（DA）」を日本で初めて開催した（2016年～）。

　DA は，自治体職員向けにはデータに基づく政策立案能力を育成し，業務効率改善を促す目的を持つ。企業や市民向けには，SNS のデータを分析したマーケティングなどをワークショップ形式で学ぶ。DA のカリキュラムは，課題の抽出・仮説設定，解決策シナリオ設定，データ収集，解決策検証，の流れである（図 2）。

図 2　データアカデミー（DA）のカリキュラム
出典：筆者作成

　講師は IT 企業から，データサイエンティストや WEB マーケティング担当者を招へいしている。データアカデミーで検証された課題を表 5 に示す。

　神戸市の DA は，行政内部のデータだけでなく，SNS やモバイル空間統計データなど，官民データを総合的に分析するのが特徴である。例えば，「インバウンド来訪者の域内滞在時間の最大化」をテーマに分析・考察するワークショップでは，参加企業のニーズの高さが伺えた。DA は 2018 年度より細分化し，

表5　神戸市データアカデミーの対象別事業内容

対象	研修内容	具体例
自治体職員	行政課題を持つ所属職員が，仮説と解決手法をデータ分析・政策立案研修	救急車稼動状況の現状分析と最適化 都心再整備計画における人流分析
企業社員	中小企業の営業力向上のための SNS 分析・WEB マーケティング研修	来訪者の滞在時間の最大化のための手法検証
市民	地域活動団体の効果的な SNS 活用研修	市民活動の効果的な広報

出典：神戸市資料より筆者作成

数値分析による DA，地図を活用する GIS アカデミー，統計データを活用する統計アカデミー，とカリキュラムが充実した。データアカデミーは，所属の課題を解決する点で実践的であり，解決できると所属や職員のモチベーションが高揚し，データ整備や共有に積極的になる効果を生む。

　なお，国レベルでも 2018 年度から総務省が自治体向けデータアカデミー「課題解決型自治体データ庁内活用支援事業」（Code for Japan 受託）を開催し，会津若松市や板橋区，福岡市が参加するなど，他の自治体にも広がりを見せている。。

4　地方創生イノベーション・エコシステムの形成要件

　3節で検証した施策から地方創生イノベーション・エコシステムの構築に必要と仮定した，①地域 DX の推進，②オープンガバメントの推進，③データ利活用，は有用であることが判った。本節では，①〜③を実効性あるものにするために推進すべきである，Ⅰ「実証環境の整備」，Ⅱ「IoT 人材の育成」，Ⅲ「データ活用推進」の3要素を産学官連携の視点から考察し，解決策を提言したい。図3は，推進要素Ⅰ〜Ⅲから構成される地方創生イノベーション・エコシステムのイメージ図である。

　Ⅰの IoT 活用実証では，自動運転やドローンなど既存企業との実証事業の実施がある。併せて，実証事業を進めるための協定や，データ整備・提供など

活用環境の整備を要する。

　Ⅱの IoT 人材の育成では，シビックテックなど市民エンジニアがボランタリーまたはプロボノ的に地域課題解決に参画する人材を育成する。そのために STiR や UIK によりスタートアップ企業向けにビジネス化の機会を付与する。また，大学・研究機関のデータサイエンティスト養成のためにインターンシッププログラムを提供する。企業・市民活動グループ向けには，SNS などデータ分析・活用のデータアカデミーに参加の機会を促す。

　Ⅲのデータ活用では，データアカデミーによる活用能力の育成，オープンデータの整備・公開と官民データ活用環境の整備と活用ルールの策定を進めることにより，企業や行政の生産性向上を目指す。これらの活動を通じて地域のデジタルトランスフォーメーションとオープンガバナンスが推進される。

　地方創生イノベーション・エコシステムを組織連携の視点から，企業，大学，NPO などと自治体との関係を以下に示す（図４）。

　社会課題解決には，公共の利益（公益）を共に享受する場合と，協働により各々が利益を共に享受する場合（共益）とがある。これらの利益は社会一般に

図３　地方創生イノベーション・エコシステム

出典：筆者作成

共通する場合と，一部の受益者が対象となる場合にも分けられる。オープンガバナンスはこれらを繋ぐ役割を果たす。これらが連携することにより，IT を活用したサービスが高度化し，横展開して，地域 DX が構成されていく。

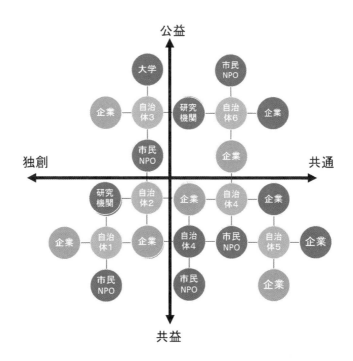

図4　地域連携からみた地方創生イノベーション・エコシステムの概念図
出典：筆者作成

　以上より，地域が主体的に地方創生を推進するには，以下の要件への対応を提言したい。

• 地域の課題を地域に根ざす人材が解決できる枠組みを創ること，そのためには，シビックテックや大学・研究機関などの人材が参加できるオープンガバナンスの場を地域で創ること（例：Code for Japan, Urban Design Center など）。

- 課題解決をビジネスモデルとして捉えること。そのためには，それぞれの参画主体が利益を受ける共益分野において，事業が成立する Gov Tech ビジネスモデルを構築すること（例：自動走行，AI，5G 実証，見守りサービスなど）。
- 様々なデータを分析・活用し，効率化・省力化を図る組織文化を創ること。そのためには，官民データ活用ルールを共有できる仕組みを構築し，学びの場（DA）を各地に展開すること（例：データアカデミー，プログラミング教育など）。
- 様々な組織が枠を超えて連携すること。そのためには，課題解決モデルを他の地域に横展開して地域の強みを醸成すること（例：STiR，UIK など）。

5　結論－自治体と企業・大学との共創による　地域課題解決ビジネス－

　本章では，地域の課題を解決し，活性化する地方創生エコシステム形成には，①地域 DX，②オープンガバナンス，③官民データの 3 要素が不可欠であることを述べてきた。これを踏まえ，前節の提言の具体案を以下に記す。

①地域 DX 推進のための実証基盤の構築　－地域 DX 推進実験室－
　AI, ビッグデータ，MaaS（交通モビリティ），キャッシュレス，環境・エネルギー，ドローン，遠隔医療・介護，遠隔教育，防火・防災など，総合的に地域 DX を推進する必要性は高い。近時，自動運転走行，QR 決済など先駆的な実証事業に名乗りを上げる自治体や大学は増加している。また，大学・研究機関がまちづくり活動を主導する UDC（Urban Design Center）の活動も増えている（神戸大 UDC078 など）。しかし，地方には企業や大学が存在しない地域もあるため，広域連携による実証参加も考えるべきである。その際は，小規模自治体を実証モデルにした「スモールスタート」が適している。その理由は，企業が自治体の中に入って，意見を聞きながら試作品を細かく改善するスタイルは「アジャイル開発」と呼ばれ，東日本大震災で実施された後に他の自治体にも拡充した（福島県浪江町）。企業には，実証の場が企業側の開発・マーケ

ティングの場となり，信用度も上がる利点もあることは3節3項で述べた。大学には，研究成果の地域貢献とインターンシップ，自治体には，実証実験で方向性を把握しながら最適解を得ることができる。首都圏に比べて市場規模の小さい地方でDXを推進するには，自治体が地域の課題を提供し，産学官が連携する「地域DX実験室」が望ましい。地方の小規模自治体こそ，地域DX推進の最前線に立つことが推奨される。

②オープンガバメントの推進　－Gov Tech市場の醸成－

　3項2節でみた新たなビジネス分野であるGov Tech市場は世界で急成長している。世界全体では4000億ドル市場，2025年の英国では20億ユーロ市場に成長すると試算されている（Public, 2017）。米国では，2018年に1030億ドル市場と予測されている（Govtech100, 2019）。市場の成長に併せてGov Tech企業へのベンチャーキャピタルの投資が増加している。

　2019年4月，神戸市はGov Tech市場を創出する「Kobe Gov Tech見本市」を初開催した。目的は，ICTやデータを活用したてサービス向上や業務改善できた所属の成功事例を共有することにより，庁内全体へ浸透を図ることにある。職員約120名が参加し，企業のデモ，職員が作成したアプリの紹介，行政とスタートアップの連携の事例が発表された。また，働き方改革推進チームも参加し，議事録自動生成・修正アプリ，RPA働き方改革（学童保育申請受付業務のRPA実証実験）など，ICTを活用した業務改革の具体例を展示するブースも併設された。Gov Tech市場が成長するにつれて，自治体には実証基盤構築のために受入れルールの整備，受入れ人材の育成，調達方法の改革など，総合的な受入れ体制の整備と実証事業の社会実装に向けた調整力の向上が求められる。

　Gov Techは，地方自らが固有のフィールドの提供により実施する新産業創出・育成であり，その市場を拡大するためにはオープンガバメントを推進することが不可欠である。

③産学官データ活用人材の育成　－産学官間の雇用流動化の拡大－

　地域DXを推進する上で，人材育成には自治体外部からの人材の登用が有効

である。近年，自治体では ICT やデザイン部門や広報部門，観光コンベンシ
ョン部門に民間人材の登用が急速に広がっている。彼らの持つ専門性や知見を
活かした政策立案と実践力が業務を改革・改善するだけでなく，組織文化にも
変革をもたらしている。SF 市で紹介した IoT 人材は，雇用期間が終了した後に，
行政の業務改革ビジネスやコンサルティングのために起業したり，同様の課題
解決のために自治体を渡り歩いたりするなど各地に拡大した。神戸市はプロジ
ェクトマネジメントの経験を持つ IT 企業出身者が「IT イノベーション専門官」
として雇用され，UIK 事業で所属とスタートアップの企業の橋渡し役を担っ
ている。企業のイノベーション過程同様に，オープンガバメント推進役として
「トランスレーター（翻訳者）」が鍵である。今後日本でも，行政と企業・大学
間で専門人材を中心に雇用の流動化が進むと予測され，産学官間の柔軟な受入
れ体制の整備も必須である。

④新たなビジネス・インキュベータ　－Gov Tech 分野での産学官民の連携・
協働－

　これまでの行政の産業支援策は，税制優遇や土地や施設の賃借料減免などが
多く，イノベーションや市場の創出は，企業の自助努力によるものが主であ
った。しかし，STiR や UIK で見たように，行政の現場そのものがイノベー
ション創出の現場であり，実証の場としてビジネス・インキュベーション（BI）
機能を持つことが明らかになった今，施策の新たな方向性を見極めることが重
要である。すなわち，BI 機能は，スタートアップだけでなく，既存企業や大学・
研究機関も参加するインキュベータ（孵化器）として，地域を繋ぐ必然性を持
つ。今後 BI の活用を最大化するために，産学官連携のルール作りが必要である。
Gov Tech 分野のインキュベータは，企業にとってショーケースであり，大学・
研究機関にとって研究の場であり，行政や市民にとってサービス向上の最適解
を試す場であるなど，多用途に富む場であり，地方創生の場でもある。以上よ
り，各自治体は，新たな産業支援策として Gov Tech 分野の支援を本格的に検
討すべきである。

　最後に，EU で進められている GPDR（General Data Protection Regulation：
一般データ保護規則）のように，官民でデータ活用を進めるための個人情報の

非識別加工や個人情報の保護管理など，地方創生イノベーション・エコシステムが成長するためのデータ活用に係る制度の整備も地方の現場は求められるであろう。

【注】
1）この事例に係るデータソースは，株式会社モンスターラボ・清水氏へのテレビ会議を通じたヒアリング（2019 年 3 月 26 日）に基づくものである。
2）この事例に係るデータソースは，ためま株式会社・平石氏へのテレビ会議を通じたヒアリング（2019 年 3 月 26 日）に基づくものである。

《参考文献》
• 関西情報センター（2018）「e-KANSAI レポート 2018」
http://www.kiis.or.jp/research/e-Kansai/pdf/e-Kansai2018.pdf（最終アクセス日 2020 年 1 月 15 日）
• 経済産業省（2018）『DX レポート～ IT システム「2025 年の崖」の克服と DX の本格的な展開～』
• 総務省（2019）「政府 CIO ポータル」
https://cio.go.jp/policy-opendata（最終アクセス日 2020 年 1 月 15 日）
• 総務省（2017）「情報通信白書 平成 29 年度版」
https://www.soumu.go.jp/johotsusintokei/whitepaper/ja/h29/pdf/index.html（最終アクセス日 2020 年 1 月 15 日）
• 総務省（2017）「地方において IT 戦略などを推進する人材育成・確保について」（2017 年 3 月内閣官房 IT 総合戦略室）
https://www5.cao.go.jp/keizai-shimon/kaigi/special/reform/wg6/290306/pdf/shiryou1-4-3.pdf（最終アクセス日 2020 年 1 月 15 日）
• 独立行政法人情報処理推進機構（2017）「IT 人材白書 2017」
https://www.ipa.go.jp/files/000059086.pdf（最終アクセス日 2020 年 1 月 15 日）
• 日本経済再生本部「未来投資戦略 2018 － Society 5.0 データ駆動社会への変革－」
http://www.kantei.go.jp/jp/singi/keizaisaisei/miraitoshikaigi/dai18/siryou3-1.pdf（最終アクセス日 2020 年 1 月 15 日）
• 松崎・滋野・辻（2019）地場産業のイノベーションの高度化に関する実証分析：阪神地区

の事例，『商品開発・管理研究』15（2），pp.3-25

- 松崎太亮（2017）『シビックテック・イノベーション』インプレス R&D
- Bahrami and Evans（2000）"Knowledge Matters" Springer, pp.106
- Chesbrough, H.W.（2003）*Open Innovation: The New Imperative for Creating and Profiting from Technology*, Harvard Business School Press
- Gov Tech 100（2019）"Gov Tech 100 2019"
  https://www.govtech.com/100/2019/（最終アクセス日 2020 年 1 月 15 日）
- Matt Stempeck（2016）"Towards a taxonomy of civic technology"
  https://blogs.microsoft.com/on-the-issues/2016/04/27/towards-taxonomy-civic-technology
  （最終アクセス日 2020 年 1 月 15 日）
- Moore, J. F.（1993）"Predators and Prey: A New Ecology of Competition," *Harvard Business Review*, May/June, pp. 75-86
- Public（2017）"State of the UK Gov Tech Market"
  http://www.public.io/wp-content/uploads/2017/07/Public_GovTech_market.pdf（最終アクセス日 2020 年 1 月 15 日）
- Stefaan G. Verhulst, The GovLab（2016）"Building a Civic sector to last"
  https://www.omidyar.com/insights/building-civic-tech-sector-last（最終アクセス日 2020 年 1 月 15 日）
- Stolterman and Fors,（2004,）"Information Technology and good life" pp. 689
  https://ifipwg82.org/sites/ifipwg82.org/files//Stolterman.pdf（最終アクセス日 2020 年 1 月 15 日）

コラム 「こうだったらいいな」を生み出す背景
〜IT起業家による課題解決〜

小田 真人（株式会社オシンテック）

　柔道の試合に，日本国内のルールと国際試合のルールの二つがあるのをご存知だろうか。主な違いは，国際試合ルールはより観戦者へのわかりやすさを重視し，消極性への反則が厳しく設定されている部分だ。もともと武家のための柔術から進化した柔道に必要なかった「観る側への配慮」。それが競技スポーツになるにあたって重視された結果であり，近年国内ルールも国際ルールの流れに倣ったものに変更されてきている。

　このように，世界には日本のルールとは別の観点で作られた異なるルールが多く存在し，互いに影響しあっている。

　さて，ここから少しビジネスの話をしよう。「エコカー」という単語を聞いたとき何を思い浮かべるだろうか。いわゆるハイブリッドカーや電気自動車がイメージされるだろう。日本では，燃料電池車や天然ガス自動車など，様々な環境配慮のクルマもエコカーとして認められ，減税や補助金の

対象となっている。ところがこの考え方も世界共通ではない。例えば，2025年以降オランダではハイブリッド車を含むガソリン車とディーゼル車の販売が禁止になり，ノルウェーも同様にすべての自動車をZEV（zero emission vehicle＝無公害車）とする政府目標が掲げられた。これは世界の潮流となりつつある。日本の主力産業である自動車業界は大きく対応を迫られ，いずれ日本国内のルールにも影響していくだろう。

　私は2012年から6年間，東南アジア全域で日本の大手自動車メーカーのマーケティング支援を行ってきた。具体的には，現地語の各種メディア分析によって対象のクルマがどれぐらい市場に評価されているかをレポートする「情報参謀」をしてきたのである。そんな中あることに気が付いた－その車種が売れるか売れないかは，デザインや性能以外に，減税や補助金などの国や地域のルールに大きく影響されてしまう－ということである。これはマーケ

ティング以前の問題だ。ルールの土俵ですでに勝負がついてしまっては手も足も出ない。ベトナム語，インドネシア語，タミル語等々の現地語で発表される法律がつくられる前段階の議事録などの情報を簡単に取ることはできないだろうか。そして規制そのものを作る段階から関わることはできないものだろうか。

　法律や関税など，ルールを作る前の段階から政府に働きかける活動のことを「ロビー活動」という。欧米企業は，この分野に一日の長があり，現地の法律を調査し人脈を使って働きかけることに力を注いでいる。しかし，この調査は現地語に通じたエージェントが人力で行っているため，大きな費用がかかり，また網羅しているとも言い切れない。私はそこに AI の言語解析というテクノロジーで切り込むことを

思いついた。膨大で，入り組んでいて，フォーマットもバラバラではあるものの情報は政府によって公開されている。それなら，自動収集して人工知能を使って解析すればいいのではないか，と。情報が分かり易く整理されたならば，ルール作りの大切さを認識する人が増え，行き過ぎた規制は早く修正され，素晴らしい技術は早く広まるのではないか，と。

　私が帰国後に立ち上げた「オシンテック」という風変わりな会社の名は，OSINT（公開情報の活用）と Technology を掛け合わせて付けた。各国の法制にかかわる公開情報をテクノロジーで"見える化"するサービスには，各方面から期待が寄せられている。

　このサービスをなぜ思いついたのかを問われることがある。単純である。世界を観察する中で，こうだったらい

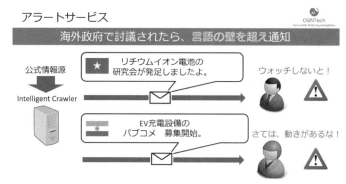

図 1　シンガポール駐在時にひらめいた「言語の壁を超える」アラートサービス
出典：株式会社オシンテック　筆者作成

いな，と思いついたからだ。これが「イノベーション」の源泉，つまり既にある発明を使って新しいことを実現する行為の端緒である。そこに，実現の方法を調べて当て込む。私の行っているビジネスは，すでにある人工知能という発明を使って，法律が作られるプロセスを可視化するイノベーションだ。

　近年，とくに環境まわりのイノベーションが活発だ。気候変動は避けたいし，海は守りたい。キーワードは，サステナブル。言い換えれば，今の我々の暮らしがサステナブルではないという課題だ。たとえば，空気の泡の力で川の底に沈んだプラスチックごみを浮かせて回収する技術や，CO_2 を吸ってくれるミドリムシから作るジェット燃料，こんにゃくやキノコから作るプラスチック新素材など数え上げればきりがない。「研究開発系」でなくても，たとえば世界ではシャンプーや洗剤などの量り売りショップが増えている。これは，日用品や食品を容器持参で購入する店で，買い替えるのではなく必要なだけ買い足す，ゴミを出さない仕組みだ。このような昔の日本で当たり前だった方式は，誰かが始めると，「みんなが思いつきそうなのになぜ今までなかったんだろう」という気持ちになる。

　こうだったらいいな，という誰でもできそうな発想が，社会人になると意外にも閉じてしまうことは多い。毎日が目まぐるしく目の前のことに追われる。自由な時間が少なくなり，仕事と無関係な場所へ出かける，人と会う，本を読むなどのインプットが乏しくなる。ふわりと浮かぶ「こうだったらいいな」を保持し，調べ，人と対話していくにはとにかく時間と精神のゆとりをどう確保するかが大事だ。これは働き方と極めて密接であることを，ぜひ今後の仕事選びの時に思い出して頂きたい。

　最後に，「こうだったらいいな」の実現を目指すのは楽しい。可能な範囲でチャレンジしてみてほしい。すでに技術はある。そして課題もたっぷりある。日本は，実はイノベーションのネタにあふれた良質なフィールドなのだから。

写真1　増えつつある量り売りショップ
出典：株式会社オシンテック　筆者撮影

191

第 9 章

「デザイン経営」で
地元企業からの地域活性化
～事業承継イノベーションを例として～

近藤 清人
株式会社SASI DESIGN

現在，地方中小企業は目まぐるしい環境変化の中，低い生産性，社会ニーズとのミスマッチ，後継者不足など課題が山積し，厳しい経営状況にあることが多い。地域社会および経済が発展するには，中小企業を中心とした地元企業の活性化と存続が必要不可欠である。本章では，新たな経営者へのバトンタッチである「事業承継」がきっかけとした地方中小企業のイノベーション事例を通じて，地方中小企業でこそ，デザイン経営により新たな地域資源を活かしたイノベーティブな商品やサービスの創出による活性化が可能であること，それらを通じてより良い地域社会の発展が期待されることを述べる。

キーワード

デザイン経営 中小企業 事業承継 地域資源
アイデンティティ ブランド

1 地方中小企業のかかえる課題

　2019年現在，日本経済は高度経済成長を叶えた「いざなぎ景気」を超え，戦後最長と言われた「いざなみ景気」をも超えた可能性が高いと言われている。リーマンショックや東日本大震災後から数年で一気に日経平均株価は2倍以上になり，現在も株価は堅調に推移している。大企業や中小企業の経常利益は過去最大になっていると言われ，足元の兵庫県経済も堅調であるとされている。

　しかし，中小企業の現場に入ってみるとそういう実感は一切ない。それどころか家族経営や従業員数名と役員で構成されていることの多い小規模事業者は，ここ数年で取引先や競争相手を含めた状況がガラリと変わり，これまで通りものが売れず，かなり需要が冷え込んでいるという認識が強い。また小規模事業者はさらに深刻であるが，現在利益の上がっているとされている中小企業でさえも，大企業に比べるとどうしても見劣りしてしまう給与や福利厚生を含めた待遇面や，希望する職種ではないなど，なかなかうまく人材確保も見込めない状況になりつつあり，さらなる飛躍が難しい局面になりつつある。

　さらには多くの事業者が，自分自身が身を削り働いてなんとか事業を成り立たせてはいるが，後継者もおらず，自分の子供にはもっと大きな企業で安定した職業について欲しいと，利益は上がっていながらも事業を畳んでしまう事業者が後をたたない。実はこのことが，日本経済の生産性を大きく押し下げている要因の1つであると言われている。筆者は中小企業庁や兵庫県，京都府，奈良県商工会連合会などから専門家として現場に派遣され，西日本を中心に80社を超える中小企業のブランド戦略に携わってきた。「アイデンティティデザイン」という独自手法でデザインだけでなく，経営戦略としての「しくみ」を提供し中小企業の価値を引き出している。現場を知り支援の最前線にいる専門家という立場から本章を執筆する。

2　変わってきた地元企業の役割と地域資源の可能性

　冒頭で地方中小企業の厳しい現状を指摘したが，ここで全てに悲観する必要はない。小規模事業者を含む中小零細企業には未来がないと悲観することからは何も始まらない。検討しないといけないのは，なぜ売り上げが上がらず，利益が出にくい体質になっているかということである。ピンチの中にチャンスの芽があると言われるように，日本経済は堅調に伸びているという外部環境の中，中小企業や小規模事業者の中身を変えれば，言い換えると，持てる資源をいかに活用するかという内部環境の変化によって，大きくチャンスが生まれる可能性を秘めている。

　小さな企業で資金面や設備面で大きな企業に劣る，また地方にある企業はたくさんの消費者にアプローチしにくいから等という一見的を射たような表面的な理由だけで片付けるのではなく，根本的な問題を見つめ，その企業や地域の持てる資源を利用し，ビジネスに挑戦するかということが一番重要である。

　では，根本的な問題とは何か。端的に言うと，求められる「役割」が変わってきたということである。その「役割」とは社会的に求められるニーズであり，その企業の価値自体とも深くリンクしている。

　社会の情報化やグローバル競争など社会情勢が激しく変わり続けている現在において，企業に求められる消費者ニーズというのも様変わりしている。そのニーズを解決する役割が目減りしているにも関わらず，これまで通りのスタンスのビジネスをしていること自体が根本的な問題と言わざるを得ない。このことを即座に解決することが求められる時代に入ってきた。それではこれまで地方に存在する地元企業はどのような役割があったかを考える必要がある。地元企業には大きく分けて2種類のタイプに分かれる。

　1つは国内の大手メーカーの加工などを請け負い，ものづくりを下支えしていく工場のような製造業のタイプ。しかし，大手メーカーと付き合いOEM（Original Equipment Manufacturingの略，相手先ブランドの製造を請け負うこと）として商品を納めつづけた製造業の多くは，現在労働力の安い新興国と

の価格競争に勝てず仕事を失いつつある。さらには圧倒的な優位性があった技術においても，ほぼ横並びもしくは，劣勢となってきている状況にある。もう1つのタイプは，地域の商圏に対して特定のサービスや商品を提供していたような業種である。例えば地元のための小売商店や，主に地元消費者に商品を提供してきた酒蔵や豆腐屋，お菓子屋や加工品メーカーなどもそれに当たる。地域の需要に対応してきたサービス業や加工品メーカーなども，人口減少による需要減だけでなく，大手スーパーの進出や IT の普及によるオンラインサービスなど，物流サービスなどのモータリゼーションの発達により全国の商品が気軽に手に入るようになり，これまでの地域として成り立っていた商圏を大きく超えた強いライバルに太刀打ちできなくなっている。時代が変遷し，地元企業の役割が徐々に変化しているにもかかわらず，多くの中小企業がその波に乗り切れていないのが実情なのだ。繰り返すが，時代は変わっているのに，ビジネスの方法が昔のままである状況から抜け出さないといけない。

　実は 2019 年度版の『中小企業白書』によると，中小企業における経営者年齢分布では，2018 年 69 歳を山にしており，1995 年にその山が 47 歳であったことから考えると 20 年間ほとんど社長の若返りがないに等しい。それは単に経営者が高齢化していることを指し示しているのではない。ここでの問題はいわば事業スキームの高齢化である。

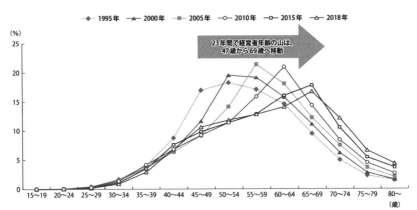

（注）年齢区分が5歳刻みであるため山が，動いているように見えないが，2015年から2018年にかけて，経営者年齢のピークは3歳高齢化している

図1　年代別にみた中小企業の経営者年齢の分布
出典：（株）帝国データバンク「COSMO52（企業概要ファイル）」再編加工

　これだけインターネットが普及しているのにも関わらず，中小企業のHP保有率は約8割と言われているが，小規模事業者に限るとその保有率は5割弱，ECに限っていうと約1割の事業者しか利用できていないという。さらには，更新頻度は数カ月に1度という状況である。モノはよくても時代に明らかについて来られていないのだ。しかし，統計的にみて，経営者が若手に変わった会社は比較的設備投資が多く，利益率も高い水準である。

　地方にはそこでしか採れない特産物や伝統工芸，それだけでなく地元で古くから親しまれている食べ物や文化，都市部では感じられない自然や地形など，地域のリソースと呼べるビジネスのタネはいくらでも眠っているのである。ここに活路がある。地域における役割が変わりつつある地元企業の「事業承継」と呼ばれる若手経営者のバトンタッチや，地域の資源を活かした新たな事業スキームの創出に伴う起業こそ，中小企業の新たな形であると同時に，地域とつくる新たなイノベーションであることは間違いない。

3 デザイン経営でイノベーションを起こす

　それでは，実際に地域資源を活かしたイノベーションはどのように創出されるのか。その大きなキーワードは「デザイン経営」と言われるものである。デザイン経営とは，2018年5月に経済産業省特許庁が提唱した言葉であるが，その意味はブランド構築に資するデザインとイノベーションに資するデザインという2つの領域でのデザイン視点を活かしながら経営戦略や経営判断を行い，消費者の共感を得ながら，新たな視点での商品やサービスを展開していくことにより，企業価値を最大化していく方法論のことである。わかりやすいところでいうと，アップルやダイソンのように経営者自身がデザインを非常に深く理解し展開していき，新たな市場を作り上げていくような企業が求められているのである。

　ここでいう「デザイン」とは何かということを理解しておかないといけない。世間一般にいう「デザイン」とは，洋服や雑貨，インテリアや建築などのかっ

こよく，かわいい色や形のことなど，いわゆる「狭義のデザイン」を指すことが多い。確かにそれはデザインの一部ではあるが，それだけをデザインと呼ぶべきではない。

裸足靴下　　わかめ麺　　革パッチワークバッグ

持ち運べる集中デスク　　ホモジナイザー　　日本酒

写真1　株式会社 SASI DESIGN のデザイン事例
出典：株式会社 SASI DESIGN 提供資料

デザインの起源は，18 ～ 19 世紀イギリスで起こったある運動であると言われている。それは産業革命において，機械により大量生産で出来上がる家具や生活用品など商品が溢れかえるようになった。その側面でかつての職人は単なる賃金労働者になり，生活の美しさや労働の喜びがなくなってしまったイギリス社会において，モダンデザインの父と呼ばれるウィリアム・モリスを中心に，美しい生活を取り戻すために生活と芸術を一致させるアーツアンドクラフト運動がデザインの源流であるのだ。

デザインは社会的な課題を解決するために生まれたのだ。そのような側面からもわかるように，デザインは課題を解決するための美的表現そのもののことを指し示すのである。

　日本語でデザインを「意匠」と訳すが，読んで字のごとく「意図を伝えるために巧み（創意工夫）を凝らす」ということになる。重要なのは，事業を興すものがどのような意図（何を解決したいのか）を示すことなのである。

　先に触れたデザイン経営とは，色や形を決めるというだけにとどまらない本質的なデザインの考え方を経営の最上流に取り入れ，もしくは一体化させて経営自体をデザインすることにより，新たな地域のリソースを活かしたイノベーティブな商品やサービスが生まれるのである。ここで押さえておきたいことは「地域資源（地域のリソース）を活かす」ということをどのように捉えるかということである。事業を興すものがどのような意図（課題を解決したい）を示すか，と言ったが，実は「地域資源を守る」「地場産業を守る」など地域に長く続く資源をそのまま残したいという思い「だけ」では弱いのである。なぜなら，「ある技術や文化を『守る』ことだけに主眼をおいて，そのためにはどのようなサービスがいるか」と考えると，ともすれば誰も必要としない商品やサービスになってしまう。ましてやエシカル消費（倫理的な消費のことであり，人や社会，地球環境や地域などに配慮した消費活動のこと）などが流行っているなどもてはやされることもある。「文化を守ろう」ということを前面に出してPRすること自体は美しい。しかもそのことが消費の後押しになることはまちがいないが，多くの消費者はその技術，文化を守りたい当事者ではなく，それよりもそれを購入したことで，これまでと違ったどういう価格を含めたベネフィットを享受するかということが消費のプライオリティ（優先順位）として考えることが多い。

　結果としてそういった商品は日の目を見ることはなく，在庫として残るか，補助金によって細々と生き延びるだけになってしまう事例もよく目にする。重要なのは，事業を興す者，その当事者が何を大切だと感じていて（アイデンティティ），どのような未来をつくりたいか（ビジョン）ということの設定なのである。その達成の先に資源を守ることができるのだと考えている。地域資源を守るということを念頭に置きながらも，その事業者がその資源を活かした上で，実現したい社会にするために利用するという順番が正しい。その類い稀な地域資源は，まだ広く知られていないことも多く，また大量生産では成し得ないような効果や効能があることも多い。その強みや競争優位性をしっかりと理

解して，いかに活用できるかということがビジネスにおいては重要であり，潜在的ニーズを掘り起こすイノベーションにつながる。

　ここで筆者は1つの法則を明確にしたい。それは自社や地域資源を含めた強みの整理を行って抽出した「経営資源」と，自分自身のやりたいことや興味のあること，社会的にもっとこういうことを良くしたいという栄光ある不満（社会や市場に対して，単なる愚痴ではなく，改善したい不平や不満など）など，その人自身の「パーソナリティ」を掛け合わすことが一番重要であるということだ。この「経営資源」と「パーソナリティ」を掛け合わせたものが，その企業でその人しかできない他が真似のできない「アイデンティティ」であり，変わらない価値観である。ものづくりを洗練させていく「深化」と，自分自身の当事者としてやり遂げたいこととの「マッチング」が新たなイノベーションの骨子になり，そのことを達成していくことにより地域が変わってくるのである。

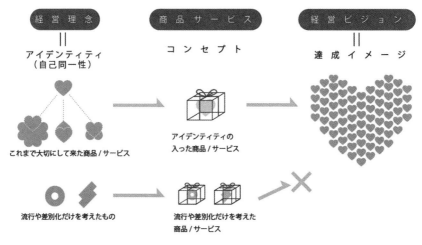

図2　アイデンティティと経営

出典：株式会社 SASI DESIGN 提供資料

4 事業承継や起業でイノベーションを起こす挑戦

■ 畑中義和商店「凍りこんにゃく」×「美肌洗顔」[1]

　ここからはこれまで説明をしてきたデザイン経営の具体的な事例をあげて解説する。「経営資源」と「パーソナリティ」というキーワードで人物を中心にストーリーを感じながら読者の理解が深まることを期待する。

　兵庫県中央部に位置する播州織や敬老の日発祥として有名な多可町。周囲を中国山地（三国岳，千ヶ峰，笠形山，竜ヶ岳，篠ヶ峰など）の山々に囲まれ，三国岳を源とする杉原川が町の中央部を貫流している。寒暖の差が激しく，澄んだ水が豊富に流れることから，こんにゃくづくりと，そのこんにゃくを凍らせて作る「凍りこんにゃく」づくりが盛んであった。

写真 2　畑中義和商店本社
出典：畑中義和商店提供資料

　冬の寒空の中，こんにゃくを天日干ししてできる凍りこんにゃくは，食用としてだけでなく，水に浸すと柔らかなスポンジ状になることから，古くから赤ちゃんの肌を洗うのに利用されてきた。かつては凍りこんにゃくを作る業者が多数存在し，村の田んぼには凍りこんにゃくの天日干しをする景色が広がって

いたという。しかし，食用の凍りこんにゃくの需要減少もさることながら，洗顔は洗顔フォーム，体はボディソープを使用するのが当たり前の時代に入り，2019 年現在では凍りこんにゃくで作る「こんにゃくスポンジ」のメーカーは日本全国で畑中義和商店を含み 3 社となってしまっていた。

　20 年ほど前に，美肌をつくるこんにゃくスポンジとしてブームが来たことがあるが，当時は OEM にて製造しており，客先のブランドとして出荷していたことにより，他の製造業の例に漏れず，消費者の嗜好やなぜ売れているのかという事さえもわからないままブームが去ってしまった。明治 20 年創業で 130 年以上も凍りこんにゃくを作り続けてきていた畑中義和商店も売り上げ減と後継者問題から廃業へと進んでいた。そこに現れたのが藤原尚嗣氏であった。藤原氏が畑中義和商店に入社したのは，25 歳とまだ若く，こんにゃくスポンジづくりに関しても未経験ではあったが「この会社をこのまま畳んでしまうのはもったいない。自らがなんとかしたい。」という想いで，事業を引き継ぐために入社した。実は，藤原氏は畑中義和商店の先代社長の縁戚にあたり，幼い頃からこの会社のことを知っていたということも決意の後ろ盾にはなったであろう。

　ここで大きな要素としては藤原氏自身が化粧品メーカーで開発を行なっていた研究者であったということがある。当時藤原氏が開発を担当していた化粧品というのはアジアのインバウンド向けに作られており，「日本の化粧品」という信頼性が一番のブランドであったが，成分に対しては多少の疑問を持ち続けていた。もちろん薬事法を遵守してのことではあるが，「こんな薄い成分で本当に期待する効果があるのだろうか？」と科学の視点で商品を見たときに，金額に見合った効果が期待できるのかどうかは疑問であった。そのような中，若くして独立心も旺盛であった藤原氏の眼の前に現れたのが，畑中義和商店の廃業の計画であった。実はこの凍りこんにゃくでできた「こんにゃくスポンジ つやの玉」を肌の弱い彼の姉が幼い時から利用していた。敏感な肌を保つ姉もさることながら，幼い時から身近にあったこんにゃくスポンジを藤原氏も使用していたこともあり，親しみが強かった。さらには，良質で天然素材であるこんにゃく粉を使用し，添加物などを一切含まない商品であり，洗顔フォームなどを使わずに「お湯だけ」で肌を洗い，余分な皮脂を洗い流すこんにゃくスポ

写真3　水を含むこんにゃくスポンジ
出典：畑中義和商店提供資料

ンジは，美肌づくりや敏感肌に効果があることは体験としてもわかっていた。

　そしてもう1つ，藤原氏自身研究開発を行なっていた経歴から，科学の目から見てもこんにゃくスポンジの天然繊維であるグルコマンナンという成分は，水との親和性が非常に高く，多分の水分を含むことから水の皮膜をつくり，肌への刺激を最小限に抑えながらもその繊維で余分な油分や汚れだけを取り除いてくれる，伝統的かつ合理的な製品であると確信できた。そこで彼は一念発起し，周囲の反対意見も持ち前の行動力をもって納得させたのちに，畑中義和商店を引き継ぎたい想いを先代社長の畑中博氏に伝えた。もともと廃業を考えていた畑中博氏であったが，藤原氏のこんにゃくスポンジに対する可能性と，伝統の産業を残したいという想いを受けて事業承継を決意した。

　まずは，基本であるこんにゃくスポンジづくりを教わることとなった。

　こんにゃくスポンジは，①こんにゃくをつくる，②こんにゃくを凍らせる，③日光で解凍させて水を切る，④天日干しで漂白する，⑤屋根の下に吊るし，乾燥させる，という創業当時から続く伝統の製造方法を守っている。カビや腐敗を避けるため，11月から3月という真冬に行われるこの作業は，実に80%以上が屋外作業という過酷な労働環境であった。製造を行う兵庫県多可町は，山に囲まれ降雪の多い地域でもあるため，前日に天日干ししたこんにゃくスポンジが雪に埋もれ，夜の明けないうちに雪の中から取り出すといった作業が続

く。

　1年目，まずはこの過酷ではあるものの，無添加で本物のこんにゃくスポンジづくりを身に染み込ませるために，藤原氏は先代についてこの技術を習得していった。厳冬の中での屋外作業と突き刺すような水を浴びながらの作業は想像を絶するものではあるが，その慣れない仕事に耐えながら基本を身につけていった。

写真4　こんにゃくスポンジの製造過程
出典：畑中義和商店提供資料

　そんな中，2年目の冬に差し掛かり，先代の社長の体調が思わしくなく，藤原氏を手伝ってくれるパート社員はいるものの，一人でこんにゃくスポンジをつくらなければならない状況になった。ピンチではあったものの，1年目にしっかりと習得した工程を元に，2年目の製品づくりに挑んだ。ここで藤原氏が学んできた科学の目が活きることになる。確かに「天日」や「自然風」など自然の恵みを利用して作り出すこんにゃくスポンジではあるものの，「基本を変えずに工程の調整や変更をすれば同じ品質の製品ができるのではなないか？」という仮説が浮かび上がってきた。伝統のものづくりの肝を変えず，こうすればもっと良くなるのではという仮説を立てていきながら2年目の冬を過ごした。

　そして3年目に入り，その仮説を1つずつ丁寧に検証していきながら，品質

を高め，製造量を増やしていく挑戦をしていった。事実，他社の製品を知っている人が，藤原氏の作ったこんにゃくスポンジ「つやの玉」を触ると，その柔らかさときめの細かさに驚くことが多い。水分を多分に含むみハリと柔らかさを兼ね備えたその触り心地は，まるで水の繊維であるかのような，優しく透き通った触感がある。その最高級品質のつやの玉を工程管理と変更を繰り返したことにより，現在は引き継ぐ前の数倍の製造量を誇るまでになったのだ。

　このような過酷な事業承継のプロセスを経て新しい「経営資源」の活用が実現した。3年をかけてこの事業に取り組んできた研究者である藤原氏の「アイデンティティ」が深まり，その販売においても発揮される。ここからは更なる飛躍への物語である。これまでこんにゃくスポンジは OEM という自社名が出ない状況で，客先のブランドとしての販売がほとんどであり，その売り方も「こんにゃくでできた珍しいスポンジ」という，お土産物のような売られ方をしていた。

写真5　つやの玉の新しいデザイン
出典：株式会社 SASI DESIGN 提供資料

　そのつやの玉を「お湯だけで洗顔」という，洗剤で肌に必要な油分まで溶かしてしまうのではなく，天然成分でできたスポンジで余分な油脂だけを洗い流すことにより得られる美肌効果に注目し，「美肌を手に入れたいという意識を持った女性」にターゲットを絞った。その上で，狙いたいターゲットが訪れる

であろう店舗に似合う，瑞々しく優しいパッケージのデザインに変更した。

　その結果，オーガニック志向の高まってきつつある市場とマッチし，大手販売店から引く手数多の状況になっている。さらには高級旅館のアメニティとして採用され，セレブの肌を癒しつつ，自社のブランドを確立しつつある。

　さらには「お湯だけで洗顔できる日本のいいもの」として，海外（現在はオランダ）での販売も始まり，むらおこし特産品コンテストという全国の特産品が評価されるコンテストにおいて，最優秀賞である経済産業大臣賞も受賞した。そのことにより地元メディアから多数の取材をうけ，多可町の自然が生んだ新たな美肌洗顔のこんにゃくスポンジとしてクローズアップされる様になった。

　研究者であった藤原氏が，自身の原体験からも「美しくなりたい人の肌を癒したい」という想いから，結果的に凍りこんにゃくという地域資源に注目を集めさせる結果となった。

■ 株式会社森のわ「放置された森林」×「森林経営」[2]

　兵庫県北西部，黒豆や小豆，松茸など肥沃な土壌と厳しい寒暖差から得られる豊かな山の幸に恵まれた丹波市。2つ目の事例としてその丹波市の中心地である氷上町に本社を置く「株式会社森のわ」について解説する。

　実は，同社は同じく丹波市青垣町にある林業から柱や梁などの木材製品販売

図3　森のわのロゴマーク
出典：株式会社 SASI DESIGN 提供資料

まで一貫生産する製材所である株式会社木栄から，2016 年に独立し，足立龍男氏によって設立された。株式会社森のわの前身である山林事業部があった株式会社木栄の背景から説明をしよう。1968 年に山の手入れである間伐により排出される丸太や小径木などの加工，販売する足立製材所として創業した。その後木材価格の安定を図るために，林業から製材，販売までを行うスタイルとなった。

　戦後の高度経済成長期に需要を見込まれて植樹された針葉樹は，間伐を繰り返し，手を入れ続けることで成長し，木造住宅などに使われる材木となる。しかし，現在では物流の飛躍的な発展も助け，安価な外材が輸入され，工程を効率化し低コスト化できる様々な工法などが普及するなど，これまでの地元の山から木材を切り出し，在来工法で自宅を建てるケースが激減している。それは，せっかく植えた木を使用せずもったいないというだけではない。植えっぱなしで管理されずやせ細ってもやしのようになってしまった木は，大地にしっかりと根をはることができず，降水量が多くなり地盤に水分が多くなると地盤が耐えきれなくなり，山崩れを引き起こす危険性を増す。

　ここのところの豪雨での災害報道で目立つ大きな被害を及ぼしている山崩れによる土砂災害は，実はこの放置された森林が被害を大きくしているとも言われている。その状況は丹波だけでなく，森林率 69% にも及ぶ日本全体の問題でもある。

　業界を取り巻く環境としてはかなり深刻な状況ではあったが，木栄は JAS 認定工場として，丹波・但馬・丹後エリアの山林の管理，製材，加工，建築設計，施工，管理，土地分譲までを一貫して行い業績を伸ばしていき，地元では従業員数も 50 名近く，影響力のある会社として存在していた。その跡取りとして育てられた足立氏は，建築専門学校，建築事務所などを経て，2000 年に株式会社木栄に入社する。

　建築を学んできた足立氏は建築部をまかされ，その木材の営業を管轄してみることになり，自分なりに学んできたことを生かそうと，様々な改革に取り組もうとしてきた。

　しかし営業に対する考え方など社員とうまく馴染めないだけでなく，組織としてのまとまりに限界を感じ，株式会社木栄建築部を独立させる形で，地元の

木材を使用した工務店である株式会社栄建を 2006 年に立ち上げることとなった。

　そこには足立氏なりの想いがあった。自分は地元では大きな企業の跡取りとして戻ってきた。そして経営陣として未来の会社づくりのために自らの手腕を振るおうとするもなかなかうまく進まない状況を目の前に，地元の青年会議所で話す創業経営者と自らの差に気づいた。「やはり後継ぎと創業者はリーダーシップがちがう」と感じた足立氏は，自らの力を試す意味も含めて自社からの独立を図ったという。

図 4　災害による森林の崩壊を循環型へ
出典：株式会社 SASI DESIGN 提供資料

　そこで足立氏が立ち上げた工務店としての栄建では，地元丹波の木をふんだんに利用することの重要性と，その強みがあった。それは「その土地で育った木で建てることで，強い耐久性を保つ家になる」ということであった。確かに外国やその他の地域と，ここ丹波は気候が違う。雨量も違えば気温も湿度も違う。完成時は強度があり，乾燥させた外国産木材であっても，目の前すら見えなくなるほどの霧が発生する丹波の気候という環境下で何十年と強度を保ち続けることを想像するのは心もとない。そこで足立氏は地元の木材を使い，しっかりと構造をつくる工務店として「耐久性」を前面に置くのが得策ではないかと考えた。

　そのようなことを検討している最中，2014年7月末から大雨が続き，さらには相次ぐ台風の影響もあり，2014年8月17日に豪雨による山崩れと大洪水が丹波を襲った。幸い丹波市は死者が出なかったものの，住宅はおろか鉄筋造の橋まで流されてしまう大災害であった。当時，災害対策最前線の商工会青年部の部長でもあった足立氏は現地を見て驚いた。それはこれまで見たことのないような，瓦礫と土砂が高く積み上がった風景。昨日までの穏やかな丹波ではなかった。その最も被害が大きかった地域の川のほとり，ほとんどの住宅が流されて跡形も無くなっている中，1軒だけ残っていた住宅があった。それは栄建の住宅であった。目の前に見たことのないような光景が広がり，そしてそこに偶然が重なったとはいえ，1つの家だけが残っている事実を見て，地元の木を適切に使い，耐久性の高い住宅を建てていくことこそが丹波という地域を守ることであることを，住宅を検討している人だけでなく，広く丹波住民全体にしっかりと伝えなければならないと感じた。

　木材を一貫生産する製材所である木栄とも太いパイプがあるからこそ，優良で土地に馴染む丹波材をふんだんに使用し，一番重要である強固な構造を作り大切な家族を守ることができる。社員教育に対して非常に熱心である足立氏は，その想いを自ら立ち上げた組織の従業員に伝え，着実に大切な家族を守る住宅の着工数を伸ばしている。

　さらにこの頃から，災害を引き起こす原因でもある森林自体への思いも強まってきた。いくら耐久性の高い住宅を建てても，大きな災害が起きると流されてしまう危険性は消せない。そこで栄建で培った経営ノウハウを元に，本格的

に森林再生について動くべく，母体である株式会社木栄から山林事業部を独立させる形で，2016年に森林整備を行う株式会社森のわを設立した。

丹波の森林は市や町といった公的な保有林もあるが，山林は資産であるという考え方がかつては存在し，その多くの山林は個人の所有であるか，集落など各自治体が保有していることが多い。その整備は森林組合という森林組合法に基づいて組織された協同組合が担うことが多い。森林組合は森林所有者が保全事業を共同で行う組織であるために，所有者のつながりの中に組合員の関係者が多いため，保全といえば森林組合にというのが半ば常識の様になっている。森林組合などに保全を委託し，森林整備を行なっている所有者や地域はまだいいが，整備には大きなお金がかかり，補助金を利用したとしてもすぐにはお金を産まない森林は投資を行なわれず放置されたままのものも多く存在する。かつては計画植林で植えた針葉樹が，建築用材料として伐採し，木材市場に販売をすることで収入につながる生産性の高かった森林が，現在では何も生まないどころか，完全にお荷物になってしまっている現状がある。

そこで足立氏は株式会社木栄という製材所を通じて，中間コストを省き直接建築用木材に加工できる強みを生かすと同時に，森林経営計画という未来の森林づくりを経営視点で提案し，これまで森林組合一辺倒であった林業市場に新たな提案を繰り返している。その提案とは，森林整備の一環で行う間伐で創出

ツリーハウスの
宿泊施設や不動産としての販売など

果樹園の運営

図5　新たな森林の利活用の例
出典：株式会社 SASI DESIGN 提供資料

した木材の販売はもちろん，間伐を行なってできた樹木の足元のスペースを他の植物の栽培を行うことや，皆伐を行い，その跡地に果樹園をつくる，さらにはツリーハウスを作り宿泊体験を行う楽しい山づくりなど，これまでの林業では考えもつかない様な提案を行なっている。

　まだまだ新たな提案の定着とまでは結びついていないまでも，森林を経営目線で活用するアイデアと，林業から製材，建築まで一貫してグループ企業内で行える強みを生かして丹波の森林整備の受注を伸ばしている。立ち上げまもない企業であるが，当初売り上げ計画を前倒しするほどの伸びを受け，現在はさらに多くの森林を整備できるための機械や人材への設備投資，さらには丹波の中心地に伐採した木材を利用したロッジの様な自社事務所を建築するなど，その飛躍は目覚ましい。現在は丹波材を使用したログハウスを建築し，本社兼ショールームとして，林業のアピールだけでなく薪ストーブやアウトドア用品を販売し，森林のある豊かな生活自体をプロデュースしていっている。

写真6　株式会社森のわの森林管理
出典：株式会社 SASI DESIGN 提供資料

　地域のお荷物になりつつあった放置された森林でさえ活用できる資源と捉え，自らの達成したい安心して暮らせる里山づくりのための事業リソースとして活

用している。こうやって地域を見回すと，まだ活用されていない資源ばかりである。自らの想いや共有したい未来を達成するために地域の資源を活用し，地域自体をよくしていく事業が本来的で本質的な地域での事業であり，生き残るすべであると考える。これらの事例のように事業承継はイノベーションの大きなチャンスを含んでいる。地域で大切にしてきた資源やその組織とともに，自らが目指したい未来を掛け合わすことで，新たな事業領域に入っていくことができる。

■ 事業承継とイノベーション

　実は後継ぎという転機はイノベーティブな要素を引き出すための起業なのである。なにも事業承継は親族に限った話ではなく，従業員や全くの他人に事業を移管する第三者承継に対しての公的サポートもたくさんあるのだ。現在事業

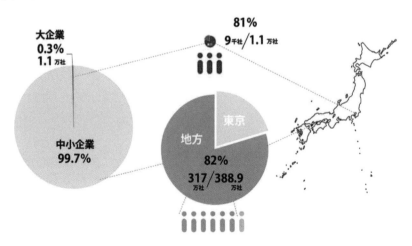

図6　日本の企業数，企業規模の割合と所在地の割合
出典：株式会社 SASI DESIGN 提供資料

承継の必要があるとされている中小企業のうち３分の２は後継者が定まっていない。そのうち３分の１は候補者すらいない様な状況である[3]。日本は欧米諸国に対し，起業マインドが著しく低いとされている。これは国力を左右しかねない問題にもつながる。イノベーションを起こせる土壌のある面白い企業があるにも関わらず，後継者なしという不幸な結果により廃業させるのは実にもったいない話である。

　大手企業に入り，その一員として持続的イノベーションを果たすのも大切なことではあるが，地域の中小企業にこそまだ誰も見たことのないイノベーションを起こすタネがあることは間違いない。

5　ダイバーシティがイノベーションを加速させる

　事業承継や企業によるイノベーションは非常に重要であり，そのことに進まなければならないのは避けて通れないが，ここで本書の１つの肝である働き方についても考察してみたい。先に触れたように，中小企業において，特に小規模事業者において人材不足は深刻であり，これまでのように経験豊富な即戦力のある人材を容易には採用しづらい状況になっている。そこで小規模事業者において，逆に増えているのが「女性」や「高齢者」の中核人材としての採用である。しかし，これも捉え方を変えるとイノベーションのチャンスでもある。これまでの商品やサービスに，女性や高齢者などこれまでなかった視点を入れることができる。

　これまでのように物が足りない時代には，なりふり構わず目の前の仕事をこなしていくことでかつて日本経済は発展してきた。均質な製品を他よりも多く作るために，出来るだけ同じような質の労働者が，長い時間働くという労働集約型のビジネスが求められた。それに対応できる企業戦士と呼ばれたタフな人材が求められ，会社の発展に寄与してきた。

　しかし，現在のように物が溢れ，商品のコモディティ化が進む，物自体の品質には大きな差がなくなってきた市場において，消費者はこれまでのように自

社の商品やサービスを選んではくれない。それよりも安く，手軽に使える消費者に対するベネフィットが多い商品にすぐに流れてしまう。さらには日本人口全体が急速に減少するということは需要がなくなるということである。それはさらなる価格競争が間違いない。

　企業が生き残り，さらに従業員を含めて幸せな経営をしていくには，方法は大きく2つ。これまでアプローチしていなかったターゲット（海外を含む）に販売する。それとこれまでの「いいもの安く」ではなく，「いいものを高く売る」方向に舵を切らなければならない。

　そこに一番重要なことは体験価値をいかに創出するか，ということである。商品やサービス単品のPRではなく，「この商品を使用することで『どんなこと』ができるだろう」という体験を消費者に訴えかけていくのである。そこで重要な要素としては新たな消費者の「共感」を得るということである。その共感とは「こんなものが確かに欲しかった」というような，当事者感として湧くイメージのようなもので，それを作り出そうとすると，先に触れたデザイン経営にも含まれる消費者目線としての様々なアイデア出しが必要となってくる。

　これまでのように均質で長時間働くことを価値と捉えられた企業戦士だけでは，消費者の様々な共感を得ることは難しくなってきているのは確かである。現在は市場が細分化し，大企業でさえその細分化された市場にフィットした商品を出し続けるのは難しい状況である。ここでダイバーシティが重要となってくる。これまでタフで均質な働き方のできる人材ばかり起用してきた中小企業も，女性の感覚や高齢者の本当に必要としている商品を自分目線で開発していくチャンスである。

　これまで通りの市場が求めてきたで「あろう」商品だけではなく，非常にニッチでも自分たちが「欲しかった」商品を，これまでと違う社員とともに作ることができる。

　新たな働き方，新たな働き手人材が，新たなイノベーションを生む。もはや地方のビジネスは，都市部の下請けや地域内だけの消費競争などではない。いかに地域に残る資源を自分たちの新たな目線で活用していくか？　そのことに地域の発展はかかっている。

　新しいビジネスというのは常に掛け算である。これまであったものと，違う

目線や使い方など新たな要素を掛け合わすことで新たなイノベーションがこれまでもおき続けてきた。

　地方はこの掛け算の宝庫である。地元企業の技術や地域資源とこれまでになかったダイバーシティを含めた新たな視点が掛け合わされることで，数百，数万の新たなアイデアが出てくるはずだ。大企業やライバル企業の商品を真似るのではなく，その新たなアイデアに果敢にチャレンジし続ける企業こそがここから飛躍する地元企業であり，さらには資源の宝庫としての地方の活性化につながることを確信している。

　地域資源を真剣に見つめ，これまでの画一的な目線を捨て，思考のブレーキを外したチャレンジの連続が地域のイノベーションとなり，地域での雇用の創出につながるといえる。

【注】

1 ）本章の畑中義和商店の取り組みに関する記述の多くは 2019 年 3 月に同社を訪れ，藤原氏のご協力の下で実施したインタビュー調査に基づくものである。

2 ）本章の株式会社森のわの取り組みに関する記述の多くは 2019 年 4 月に同社を訪れ，足立氏のご協力の下で実施したインタビュー調査に基づくものである。

3 ）東京商工リサーチ（2016）「企業経営の継続に関するアンケート調査」の結果に基づいている。

《参考文献》

• 近藤清人（2018）『強い地元企業をつくる　事業承継で生まれ変わった 10 の実践』学芸出版社

• 中小企業庁（2019）『中小企業白書』

就労機会・移住促進の場としての
チャレンジショップ事業
〜南あわじ市福良地区の事業事例から〜

越知 昌賜（兵庫県立大学経営学部）

　空洞化が進む地域の中心市街地や商店街において，様々な方式でチャレンジショップ事業(以下チャレンジ事業)が行われている。チャレンジ事業が機能的かつ継続的に実施された場合，中心市街地に賑わいを作り出すだけでなく，地域における新たな雇用機会の創出や地域外からの移住促進につながる側面もあると考えられる。ここでは兵庫県南あわじ市福良地区における２つのチャレンジ事業の事例を紹介してみたい。

　１つ目の事例は福良商店街にある空き店舗の活用事例である。事業のきっかけは空き家の所有者が地元の「NPO法人あわじの國プロジェクト（以下NPO）」に，地域の活性化のために所有する空き家を活用できないかと相談したことに始まる。相談を受けNPOが2015年に県のふるさと拠点整備事業の補助金により神戸大学，兵庫県立大学と連携し１次改修工事を行った。その後，さらに南あわじ市の地域チャ

レンジショップ事業補助金を活用し飲食店舗としての整備を実施した。公募により出店希望者を募集した結果，大阪府在住のカフェ開業希望者が決定し，現在週末のみ開業している。店舗は町内会や婦人会など地元のネットワークを構築しながら事業は順調に推移している。開業者はすでに南あわじ市に居住場所を確保しており，近い将来正式に移住しフル稼働を目指している。店舗のフル稼働により新たな雇用が必要になると見込まれている。

　２つ目の事例は地元の自営事業者が購入した土地の活用として，兵庫県のふるさと賑わい拠点事業の補助金を活用し実施したコンテナショップ型チャレンジショップ「チャレンジモール福良CAP(以下CAP)」である。

　本事業は2019年２月に補助金申請を行い，施工期間ののち同年７月に開業した。現在６店舗営業しており，すべて飲食であるが，カレー，ハンバーグ，ホットドッグなどこれまで地域に

なかったカジュアルフードを提供している。2店舗は地元の南あわじ市の事業者であるが、特徴的な点は残り4店舗は神戸市や洲本市など市外の事業者が出店していることである。店舗スタッフについても地元での新規雇用者に加え島外からのUターンや新規移住者も含まれている。CAPはチャレンジショップとしての位置づけであるため期間限定事業になっており、NPOとしては本事業の卒業者が将来福良地域で自前の店舗を開業することを意図している。本事業の実施により、市外・島外からの人材を呼び込むとともに、卒業者による将来の店舗開業により新たな雇用を創出する可能性もあることから、就労機会創出の場としてもチャレンジショップは注目できるのではないだろうか。

写真　チャレンジショップ「CAP」パース
出典：NPO あわじの國プロジェクト提供資料

第10章

キャリア教育とイノベーション人材

鴨谷 香

兵庫県立大学地域創造機構

ここまでの章で私たちは様々な働き方やイノベーションの観点について学んできた。本章においては大学生の地域就職という課題とイノベーションを起こす人材について述べていく。第1節ではキャリア及びキャリア教育，キャリア形成支援に関する解説，第2節では地域創生の取り組みと大学生の地域就職の関連について述べる。第3節では今後諸機関が「育成すべき能力」とイノベーション人材の関連を述べる。この章が高等教育におけるキャリア教育，キャリア形成支援の背景を理解する手助けとなり，読者の中でも大学生の職業選択の整理のきっかけとなることを願っている。

―――――― キーワード ――――――

キャリア教育　キャリア形成支援　地域就職　イノベーション人材

1　キャリアとキャリア教育の概説

■ キャリアとは

　キャリア教育の説明にはまずはキャリアの定義の確認が必要である。「キャリア教育の推進に関する総合的調査研究協力者会議報告書」における文科省（2004）の定義ではキャリアとは「個々人が生涯にわたって遂行する様々な立場や役割の連鎖及びその過程における自己と働くこととの関係付けや価値付けの累積」とされている。

　この定義は「キャリアとは生涯過程を通して，あるひとによって演じられる諸役割の組み合わせと連続」（A career is defined as the combination and sequence of roles played by a person during the course of a life-time.）というスーパー（1980）の定義に対応しており，生涯を通じて演じられる諸役割（ライフ・ロール）はライフ・キャリアという生涯発達の観点が取り入れられていると菊池（2008）は指摘している。

　筆者は2009年から高等教育機関のキャリア教育に関わって10年ほどの経験がある。キャリア教育の講義の最初に「キャリア」という言葉を聞いたことがあるか，どのような意味だと思うかを問うと，学生からは「キャリア官僚」や「キャリアウーマン」等を連想する，または「仕事に関係することで，自分には関係のないことと感じる」という発言が返ってくることがよくある。そこでスーパー（1980）の理論であるライフ・キャリア・レインボーの概念図（図1）を示し，人間が一生を通じてそれぞれの人生の段階においてその段階，発達に必要な能力や態度を形成していくこと，また社会や状況に応じて自分らしい生き方を通じて社会的な役割を果たしていくこである，と，生涯発達の観点からキャリアの概念を説明すると，「自分にもキャリアはあるのだ」「人生を通じて自らが歩む道なのだ」と，キャリアを学ぶ意義が明確になる様子である。キャリアという言葉は人や時代や環境によってその捉え方や使われ方は異なり，多様な用いられ方をしているが故に抽象的なイメージを伴う。そもそもの「キャリア」の語源は中世ラテン語で馬車が通った後に出来る「轍」である。そこから

人が歩く道，その足跡，経歴などを意味するようになった。人は生まれてから死ぬ前での間に様々な段階を経てそれぞれの段階で様々な役割を果たす。子供として見守られながら遊び，学生として勉学に勤しむ，市民として地域のボランティア活動に参加する，労働者として働いたり，家庭人として家事を担ったりするという役割もある。その役割を選択する中で，社会と自身の関係付けや，諸経験の価値付けをしていくことがキャリアを積み重ねる事なのだ。

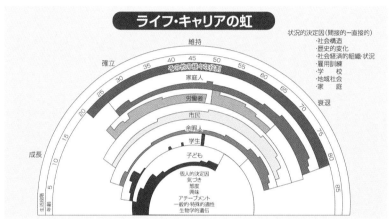

図1　ドナルド・E・スーパーの理論であるライフ・キャリア・レインボーの概念図
出典：文部省『中学校・高等学校進路指導資料第1分冊』（1992）

■ 日本におけるキャリア教育初期の考え方

　次に「キャリア教育」とは何か，どのような経緯で実施されているのか，まずはこれまでの議論や審議，施策を概観しよう。

　文部科学省行政関連の審議会報告等で「キャリア教育」が最初に提唱されたのは1999年の中央教育審議会答申「初等中等教育と高等教育との接続の改善について」である。この答申では「学校教育と職業生活との接続」の改善を図るために，小学校段階から高等教育に至るまで発達の段階に応じてキャリア教育を実施する必要があることが説明されている。この中で「キャリア教育」の定義は「望ましい職業観・勤労観及び職業に関する知識や技能を身に付けさせるとともに，自己の個性を理解し，主体的に進路を選択する能力・態度を育て

る教育」と示されている。この答申の「学校教育と職業生活との接続」には下
記の課題認識が示されている。

　　「新規学卒者のフリーター志向が広がり，高等学校卒業者では，進学も就
　　職もしていないことが明らかな者の占める割合が約9％に達し，また，新
　　規学卒者の就職後3年以内の離職も，労働省の調査によれば，新規高卒者
　　で約47％，新規大卒者で約32％に達している。こうした現象は，経済的
　　な状況や労働市場の変化なども深く関係するため，どう評価するかは難し
　　い問題であるが，学校教育と職業生活との接続に課題があることも確かで
　　ある。」

　このようにキャリア教育の必要性は当初はフリーターやニート（not in
employment, education or training, 職業にも学業にも職業訓練にも就いてな
い，あるいは，就こうとしない若者）等の雇用問題の顕在化や若者の価値観の
変化といった社会環境の変化への対応と位置づけられていた。
　2002 年の国立教育政策研究所による調査研究報告書「児童生徒の職業観・
勤労観を育む教育の推進について」においては今後さらに多様化する労働市
場の下，学生の一人ひとりが自分なりの「職業観・勤労観」を探究すること
を教育者が支援する重要性を述べている。また，職業的（進路）発達にかかわ
る諸能力として，育成されることが期待される「4領域8能力」という，その
後の義務教育内のキャリア教育の指針となる目標が示され，この能力獲得を目
標としたカリキュラムの開発がその後のキャリア教育の中心となった。続いて
2003 年には内閣府，文部科学省，厚生労働省，経済産業省が「若者自立・挑
戦戦略会議」を発足させ，教育・雇用・産業政策の連携強化等による総合的な
人材対策として「若者自立・挑戦プラン」を打ち出した。児美川（2010）はこ
のプランを「日本で初めての省庁横断的な，総合的な若者政策として樹立され
た」プランと認識し，「新規学卒就職」と「日本的雇用」の縮小と解体による
若年雇用政策であると指摘している。キャリア教育と若者の雇用対策のつなが
りが強く認識されていた。
　2004 年の文部科学省「キャリア教育の推進に関する総合的調査研究協力者

会議報告書」の提出により，職業観・勤労観との強い関連があったキャリア教育の捉え方に少し変化があった。冒頭に示したライフ・ロールの意味を含めたキャリアの定義が示されたのが 2004 年であり，キャリア教育の定義についても「キャリア教育とは，児童生徒一人一人のキャリア発達をし，それぞれにふさわしいキャリアを形成していくために必要な意欲・態度や能力を育てる教育」

表 1　主な高等教育に係るキャリア教育関連答申，施策，審議，法律等

1999 年	中央教育審議会答申「初等中等教育と高等教育との接続の改善について」　「キャリア教育」という用語が初めて公式文書で使用される
2000 年	文部科学省「大学における学生生活の充実方策について」
2002 年	国立教育政策研究所「児童生徒の職業観・勤労観を育む教育の推進について」調査研究報告 文部科学省「キャリア教育に関する総合的調査研究者会議」設置 厚生労働省「キャリア形成を支援する労働市場政策研究会」報告書
2003 年	内閣府，文部科学省，厚生労働省，経済産業省「若者自立・挑戦プラン」（キャリア教育総合計画）
2004 年	文部科学省「キャリア教育の推進に関する総合的調査研究協力者会議報告書」 内閣府，文部科学省，厚生労働省，経済産業省「若者自立・挑戦のためのアクションプラン」
2007 年	「キャリア教育等推進プラン ―自分でつかもう自分の人生―」
2008 年	中央教育審議会答申「学士課程教育の構築に向けて」
2010 年	大学設置基準一部改正 日本学術会議「大学教育の分野別質保障の在り方について」
2011 年	中央教育審議会答申「今後の学校におけるキャリア教育・職業教育の在り方について」　キャリア教育の再定義 国立教育政策研究所「キャリア発達にかかわる諸能力の育成に関する調査研究報告書」
2012 年	厚生労働省「キャリア教育の内容の充実と普及に関する調査」

出典：文部科学省『高等学校キャリア教育の手引き』(2011)，厚生労働省『平成 28 年度講習テキスト及び参考資料』（大学等）(2016) より筆者作成

と捉えている。勤労観，職業観の育成だけでなく，社会で生きて行くための態度や能力の育成も含まれることがさらに強く打ち出された。これをもってキャリア教育が従来の教育の在り方を幅広く見直し，改革していくための理念と方向性を示すものであると解釈し，2004 年をキャリア教育元年とよぶこともある。

■ キャリア教育の再定義と普及

　2011 年の国立教育政策研究所「キャリア発達にかかわる諸能力の育成に関する調査研究報告書」はそれまでのキャリア教育推進施策の展開と課題を述べ，特に「育成すべき能力」についてはこれまでの「4 領域 8 能力」の課題を示し，新しく今後のキャリア教育を通して育成すべき「基礎的・汎用的能力」を位置づけた。藤田（2019）は 2011 年の報告について「今日のキャリア教育は「ちゃんと職に就かせる」事のみを支援する教育活動ではない。社会に参画して生きて行くためには必要な幅広い力を育成することがキャリア教育のねらいであり，それはいわゆる「4 領域 8 能力」から「基礎的・汎用的能力」に変容して今日に至っている」と説明している。

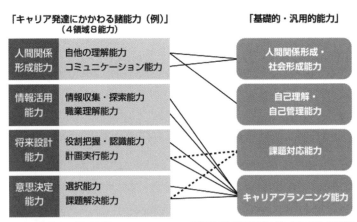

図 2　キャリア教育を通して育成すべき力
出典：国立政策研究所「キャリア教育の更なる充実のために
－期待される教育委員会の役割」（2011）

　高等教育においては 2010 年に大学設置基準が改正され「大学は，当該大学及び学部等の教育上の目的に応じ，学生が卒業後自らの資質を向上させ，社会的及び職業的自立を図るために必要な能力を，教育課程の実施及び厚生補導を通じて培うことができるよう，大学内の組織間の有機的な連携を図り，適切な体制を整えるものとすること。」（大学設置基準第 42 条の 2 （短期大学設置基準第 35 条の 2 も同様）） と明記された。大学は正課教育及び学生生活において，学生が社会の中で自立していく力を身に付けられるような仕組みづくりを整備することが求められたのである。この改正により，全ての大学でキャリア教育が義務化された。義務化以前から独自に学生の就職支援及びキャリア形成に取り組む大学や教職員は存在していたが，いわゆるキャリセンターやキャリアデザイン等の講義が全て大学の整備されたのはこの頃である。

■ キャリア形成支援

　ここまでのキャリア教育を含めた，個人がキャリアを築いていくプロセスを支援することをキャリア形成支援という。いわゆる日本的雇用の変化と共に，キャリアの多様化，雇用の多様化が進み，労働の現場が変化してきている傾向は広く知られているだろう。今までであれば組織内で目標となるようなロールモデルとなる先輩等が存在し，自身のキャリア形成イメージを描くことができた，あるいは何年後にはこうなっているだろうという組織内での役割等も予測できた側面もあった。それさえもない非正規労働者や労働市場に参画できない立場の人もいたが，ある程度生き方のモデルのような日本社会共通のイメージは存在していたといえるだろう。

　しかしこれからは予測不能な社会の中，働き方，生き方の見通しもつけることが難しい時代である。そのような中 2016 年に職業能力開発推進法が改正され，労働者自身に「労働者は，職業生活設計を行い，その職業生活設計に即して自発的な職業能力の開発 及び向上に努めるものとする」（職業能力開発促進法 3 条の 3） こととなった。これらを支えるため，事業主が必要に応じて講じる措置として，キャリアコンサルティングその提供を行うことを規定された。その取り組みの一つである厚生労働省の「セルフ・キャリアドック」のパンフ

レットには「セルフ・キャリアドックとは定期的なキャリアコンサルティングとキャリア研修などを組み合わせて行う，従業員のキャリア形成を促進・支援することを目的とした総合的な仕組みのことです。」と記載があり，就業研修や１対１のキャリアコンサルティング等の具体的な方法が記載されており，企業がそれらを導入する支援について説明されている。

　厚生労働省のキャリア形成支援は２本立てとなっており，１つ目が上述の「企業領域におけるキャリア形成支援」，２つ目が「学校教育領域におけるキャリア形成支援」である。２つ目に関しては中学・高校・大学等においてキャリア教育の現場に向けてキャリアコンサルティングの手法を活かしたキャリア教育の企画・運営の必要性を示し，それを担う人材を養成する事業展開の中で，実際の教育現場で使用できるツールもホームページで提供されている。学校教育の時期から，主体的なキャリア形成が強く求められていることがわかる。学生時代から自身のキャリア形成を意識し，主体的に選択をしていくキャリア教育については，梅崎・田澤（2013）らにより，キャリア教育の学習領域と早期離職の関係が研究されている。学生生活の中で将来のビジョンを明確にすることや，自分の将来について調べて考えることは就業後の定着率や成果の発揮に対しても効果があるという調査結果が報告されており，学校から社会へのキャリア形成支援の重要性が示唆された。

2　地域創生戦略と大学生の地域就職

■ 地方創生戦略の考え方

　ここまでキャリア教育について基本的な背景を学んできたが，ここからは地域就職に視点を移していこう。地方創生において地域の活力を支えるためには「ひと」，なかでも若者の存在が欠かせない。2014 年に内閣官房まち・ひと・しごと創生本部が設置され，人口減少を克服し，将来にわたって成長力を確保し，「活力ある日本社会」を維持するという目的の下地方創生事業が始まっている。2019 年は 2015 年に国及び地方自治体による総合戦略の策定された第一

期５か年の事業の最終年度であり，事業展開の確認，評価及び第二期にあたる
次の５か年の策定が行われている。

　まち・ひと・しごと創生本部の政策は４つの基本目標「地方にしごとをつく
り，安心して働けるようにする」，「地方への新しいひとの流れをつくる」，「若
い世代の結婚・出産・子育ての希望をかなえる」，「時代に合った地域をつくり，
安心なくらしを守るとともに，地域と地域を連携する」に基づき，人口急減・
超高齢化という日本が直面する大きな課題に対し，政府一体となって取り組み，
各地域がそれぞれの特徴を活かした自律的で持続的な社会を創生することを目
指していると説明されている。

　地域創生の文脈におけるイノベーションとしては2015年には文部科学省の
「地域イノベーションの推進及び地方大学の活性化の取組について」が発表さ
れている。全国の大学等の研究成果を民間企業ニーズとつなぐ目利き人材や戦
略分野における産業専門家による，全国レベルでのマッチング機能の強化（目
利き人材の育成を含む）を図ること，また，地域特性を踏まえた地域の将来ビ
ジョンに基づき，研究施設等を核に大学，研究機関，企業が集積したイノベー

図３　出典：まち・ひと・しごと創生「長期ビジョン」「総合戦略」パンフレット

ション創出拠点の構築も推進する等の構想が打ち出されている。ここでいう地域イノベーションでは地域の優位性ある研究開発資源を活かす研究システムを形成することにより，新しい取り組みや人を呼び込むことを狙いとしている。

　また 2016 年には総務省の地域経済循環創造事業として地域の資源と資金を活用し，雇用吸収力の大きい地域密着型企業を立ち上げる「ローカル 10,000 プロジェクト」の推進が始まった。自治体が核となって地域の有効需要を掘り起こし，所得と雇用を創出することで，地域経済の好循環を拡大することを目的とした事業も実施されている。さらに同年，経済産業省では地域創業促進支援事業として，創業（第二創業含む）に対して支援を実施している。このような事業に力を入れ，イノベーションを生む土壌を地域に根付かせていこうという実践がなされてきた。

■ 大学生の地域就職への施策と情報

　地域就職にはUターン就職（地方出身者が都市部等に進学後，地元に戻って働く事），Ｉターン就職（都市部等出身者が都市部等から地方に移住して働く事），Ｊターン（地方出身者が自身の生まれ育った場所とは異なる地域で働く事）といった種類がある。そして各々のプロセスや目的，意識は異なるが，東京や大阪といった大都市でなく，地域で就職しその地域の産業に発展する人材を育て，地域への就職につなげるための様々な施策がある。そのうちの一つが本書の発刊を含めた文部科学省事業の COC ＋事業である。その他にもまち・ひと・しごと創生本部事務局の「地方創生インターンシップ」，厚生労働省事業の「地方人材還流促進事業（LO 活プロジェクト）」などがある。また，地方創生において地域の魅力を発信，情報提供する取り組みとしては「若者雇用促進総合サイト」，総務省の「全国移住ナビ」，政府広報×吉本興業の「住みます芸人プロジェクト」等がある。その他，民間の取り組みにおいても様々なメディアが「地域で生きる，働く」をテーマとした事業を展開している。

　また既存の会社で職を得る就職とは異なるが大学生の地方における起業を後押しする事業もある。神戸市では 2017 年より神戸市と民間企業による「Founders!（ファウンダーズ）」事業が実施されている。神戸経済の将来を担

う可能性を持つ地元出身の起業家の発掘・育成を行うための学生起業家育成プログラムで，IT を活用したスタートアップ（成長型起業家）の育成支援を進めている。

図4　出典：神戸市ホームページ　https://founders-kobe.jp/
（最終アクセス日 2019 年 11 月 20 日）

■ 大学生の地域就職の現状

地域就職に関する様々な取り組みがなされているが，新規学卒者の地域就職の現状はどうなっているのだろう。厚生労働省資料にも引用されている大学生の地域就職に関する調査「2020 卒　マイナビ大学生Ｕターン・地元就職に関する調査」においては地元就職希望率の全国平均が 49.8％となり調査以来，初めて 5 割を下回ったことが発表された。この調査では「卒業した高校の所在地と最も働きたい都道府県の一致率」を「地元就職希望割合」と定義している。今回の調査の「地元就職希望割合」は全国平均で 49.8％（対前年 1.0pt 減）と，前年をやや下回った。12 年卒から経年でみると，全国平均で 13.5pt の減少となっている（12 年卒 63.3％→ 20 年卒 49.8％）。

属性に分けてみると地元大学に進学した学生（以後，地元進学者）の地元就職希望割合が 69.4％（対前年 2.3pt 減）に対し，地元外の大学に進学した学生（以後，地元外進学者）は 33.4％（対前年 0.4pt 減）と，地元外進学者は地元就職

希望割合が低い。ただ,いずれの属性においても,調査開始以降減少傾向にある。

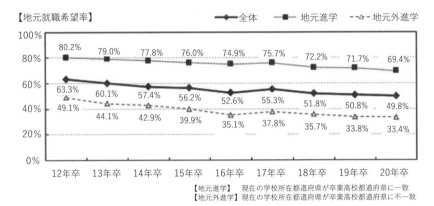

【地元就職希望率】

図 5　出典：「2020 年卒　マイナビ大学生Uターン・地元就職に関する調査」

　エリア別に見た際,関西エリア（２府４県）においては地元進学者の地元就職希望割合が 86.3 ％（対前年 3.5pt 増）,地元外進学者は 53.0 ％（対前年 2.3pt 増）と,全国平均に比べ比較的地元に就職したいという割合が高い。

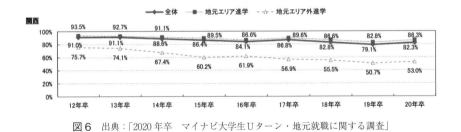

図 6　出典：「2020 年卒　マイナビ大学生Uターン・地元就職に関する調査」

■ 兵庫県の現状

　関西圏や,京阪神の意識等について民間の調査を概観したが,兵庫県については第３章に示されているように若者の県外流出が進んでいる。兵庫県の実施状況報告書「戦略の達成状況（平成 27 年～平成 30 年）」では 2018 年の 20 歳代の転出超過は４年間で 1.6 倍に増加しており,大学生の就職期にあたる 20 ～ 24 歳の県外転出が続いていることが報告されている。2018 年度に大学生が

就職を契機として転出する先は対東京が最多，続いて大阪が多くなっている。これについては大企業や本社機能が首都圏に集中していることが転出の要因と分析している。また，大学生の6割は地元就職を希望している中，実際の兵庫県内就職率は3割を切っているという現状のミスマッチが報告されている。

■ 新規学卒者の就職事情と職業選択

地域就職を推進する国家規模の流れがあるにも関わらず，地域就職を希望する学生の減少や，地域就職を希望しながらそれを実現しないというミスマッチが起こっているが，その背景となる新規学卒者の就職について概観しておこう。

新卒一括採用の文化が色濃い日本の新規学卒採用において，近年の就職活動におけるスケジュールの変更は大きな影響を与えた。2019年時点の日本においては，大学生は在学中に就職活動を始める。厚生労働省による「平成31年度3月大学等卒業者の就職状況」によると，2019年3月に卒業した大学生の77%は2018年10月1日時点で就職（内定）を持っていると回答しており，2018年12月の時点では87.9%に上る。図7の通り，例年9割が卒業時には就

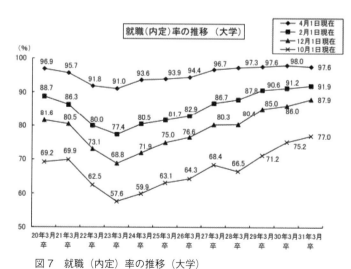

図7 就職（内定）率の推移（大学）
出典：厚生労働省「平成31年度3月大学等卒業者の就職状況」
（2019年5月17日発表）

職（内定）しているという状況である。ただし，この場合の就職内定率とは「就職希望者に対する就職内定者の割合」を示しているため，就職希望をしていないと回答している学生は分母に入っていない点には注意を要する。

　自身の専攻や専門性により，例えば医療関連職，教職，研究職等の専門職に就くためには実習等のその職業につくための固有のプロセスを経るが，一般的に大学生は経団連によって示されたスケジュールに従い，それまでに育んだ自分の想いや自身の能力，希望に照らし合わせて，あるいは周囲の流れに合わせて職業選択への行動を始める。大学の講義や教員への相談，インターネットやキャリアセンター，新卒ハローワーク，友人や家族等から情報を得て，考え，その情報を元に入社試験や面接等を受ける。卒業までの間に内定を得て，卒業した年の4月1日に入社するというスケジュールが民間企業に勤めようとする学生が選択する一般的な就職の方法であるといえよう。新卒採用活動に関しては1953年に定められた「就職協定」があり，企業が早期の採用により学生を「青田買い」したり，囲い込みをしたりすることを防ぐガイドラインとして制定され，学生を守るための役割を担っていた。1997年以降はこの「就職協定」にかわって策定された経団連の「倫理憲章（新規学卒者の採用・選考に関する倫理憲章）」が新規学卒者の就職に大きな影響を与えてきた。このルールが2020年度卒を期に撤廃され，2021年卒の年度からは政府が調整をすることとなる予定である。新卒一括採用のルールは大きな岐路にある。今後は採用の時期や，採用方法などが多様化することが予想されている。

　またインターンシップと採用の位置づけに関しても変化がある。文部科学省・厚生労働省・経済産業省の「インターンシップの推進に当たっての基本的考え方（平成27年12月10日改正版）」において別紙「企業がインターンシップ等で取得した学生情報の広報活動・採用選考活動における取扱いの考え方について」では「基本的な取扱い」として「学生情報は，広報活動・採用選考活動に使用できない」としている。一方で経団連は2017年にインターンシップ（職業体験）の「5日間以上」の日数規定をなくし，いわゆるワンデイインターンシップと呼ばれる1日のみのインターンシップを可能としたことにより，大学生の学業と就職活動の両立は多様化，複雑化していると言えよう。その中で自分のキャリアを選びきることが重要である。

■ 就職活動プロセスの多様化

社会環境の変化と共に就職活動のプロセスもまた多様化している。スマートフォン，AI，ICT 環境の寄与もあり，大学生が職を選択する現場は日々変化している。近年ではスカイプやズーム等のインターネットを使用した説明会や初期面接の実施も報告され，地方に居住している学生にとっては都心部まで直接訪問する時間と金銭的な負担が減っている利点も報告されている。人間ではなく AI による一次面接の登場に関しても「人間が実施するより公平であるのではないか」と歓迎する声も現場からは聞こえている。

インターネットによるいわゆる「就職サイト」の利用はもはやインフラ化しており，多くの学生が就職サイトに登録された企業をキーワードで検索しながら企業を探す中，2016 年頃からは OB，OG とのマッチングを特徴とする就職支援サイトやアプリ等のサービスも登場している。インターネットによるマッチングにより，最終的には何らかの縁がある人と会って話をすることに意義が見出されており，それはオフライン就活という言葉で表されることもある。インターネットを手段としながらも人と人のつながりを重要視する傾向の回帰もみえるといえよう。

■ 大学におけるキャリア教育の現状

キャリア教育についてはすでに本章 1 節においてその成り立ちを確認してきたが「一人一人の社会的・職業的自立に向け，必要な基盤となる能力や態度を育てることを通して，キャリア発達を促す教育」と中央教育審議会（2011）は定義している。2019 年に発表された文部科学省調査「平成 28 年度の大学における教育内容等の改革状況について（概要）」によると，2016（平成 28）年に全国の国公私立の 776 大学の内，回答のあった 758 大学の内 713 大学が「キャリア教育を教育課程内で実施している」と回答した。この数字は全体の 96.9%である。回答の具体的な項目として最も多い取り組みは「勤労観・就業観の育成を目的とした授業科目の開設」であり，「資格取得・就職対策等を目的とした授業科目の開設」，「今後の将来の設計を目的とした授業科目の開設」が続く。

また，教育課程外でも「資格取得・就職対策等を目的とした特別講義棟の開設」「企業関係者，OB，OG 等の講演等の実施」「学生のキャリア形成を支援するための助言者の配置や相談体制の整備」を 8 割の大学が実施している。

3　今後「育成すべき能力」と イノベーション人材の関連

■ 今後育成すべき能力とは　イノベーション人材へのプロセス

　2017 年 3 月の中央教育審議会総会において，「我が国の高等教育の将来構想について」諮問が行われた。第 4 次産業革命，さらなる人口減少社会，大きな時代の変化を認識した上で，高等教育機関の在り方と将来構想が問われた。諮問を受け，2018 年 11 月の第 119 回総会において，「2040 年に向けた高等教育のグランドデザイン（答申）」が取りまとめられている。答申の冒頭は下記のとおりである。

　　「2040 年という年は，本年（平成 30（2018）年）に生まれた子供たちが，現在と同じ教育制度の中では，大学の学部段階を卒業するタイミングとなる年である。2040 年を迎えるとき，どのような人材が，社会を支え，社会を牽引することが望まれるのかについては，後述する社会の変化を前提として考える必要がある。」答申では，これからの人材に必要とされる資質や能力が求められる背景について下記の 3 点を挙げている。「①テクノロジーが急速かつ継続的に変化しており，これを使いこなすためには，一回修得すれば終わりというものではなく，変化への適応力が必要になること，②社会は個人間の相互依存を深めつつ，より複雑化・個別化していることから，自らとは異なる文化等を持った他者との接触が増大すること，③グローバリズムは新しい形の相互依存を 創出しており，人間の行動は，個人の属する地域や国をはるかに越え，例えば経済競争や環境問題に左右されることがあるとされている。」

こういった世界を個人はどのような資質，能力で生き抜いていくのか。答申内でも触れられ，今後，教育が担う役割の考え方の礎となっているのはOECDにおけるキー・コンピテンシーの議論である。

文部科学省の審議会によると「「コンピテンシー（能力）」とは，単なる知識や技能だけではなく，技能や態度を含む様々な心理的・社会的なリソースを活用して，特定の文脈の中で複雑な要求（課題）に対応することができる力」を指す。その中でも主要のとなる「キー・コンピテンシー」とは「日常生活のあらゆる場面で必要なコンピテンシーをすべて列挙するのではなく，コンピテンシーの中で，特に，①人生の成功や社会の発展にとって有益，②さまざまな文脈の中でも重要な要求（課題）に対応するために必要，③特定の専門家ではなくすべての個人にとって重要，といった性質を持つとして選択されたもの」であり，それは「個人の能力開発に十分な投資を行うことが社会経済の持続可能な発展と世界的な生活水準の向上にとって唯一の戦略」と位置づけられている。

松尾（2017）は「「何を知っているか」から，知識を活用して「何ができるか」を教育のパラダイムシフトとして説明する中で，DeSeCo（Definition and Selection of Competencies）プロジェクトの意義について解説している。これはOECDが1999年〜2002にかけて国際合意の下で新たな能力概念を選択，定義しようとしたもので，言葉や道具等を行動や成果に活用できる力の複合体として，人が生きていく際の鍵となる力を整理した。12の加盟国から集めた「今後重要となるであろうコンピテンシー」を分析し，「何ができるか」は，例えば情報処理能力において処理をする能力だけでは不十分で，「何ができるか」には態度，価値観，感情も重要な役目を果たすことを示しているとういうことである。DeSeCoでは検討の末，「重要で複雑な要求課題に答えるために有用で，すべての個人にとって重要なものとしてキー・コンピテンシーの3つの概念とは①「相互作用的に道具を用いる力」②「異質な集団で交流する力」③「自律的に活動する力」」であると整理している。その核心に「思慮深さ」を置いている点は興味深い。松尾（2017）は「社会から一定の距離を取り，異なった視点を踏まえながら，多面的な判断を行うとともに，自分の行為に責任を持つ思慮深い思考と行為をさしている。キー・コンピテンシーとは，ある具体的な状況の下で，文脈に応じて活用するもので，思慮深く思考しながら行為し，複雑

なニーズや課題に答える能力といえる」と解説をしている。

　また，同答申では「日本全体の人口が減少し，特に生産年齢人口の割合が減っていく中で，社会を支え，国民が豊かな生活を享受するためには，高等教育がイノベーションの源泉となり，地域の知の拠点として確立し，学修者一人一人の可能性を最大限伸長することで未来を支える人材を育成する役割が期待される。」と記し，このようなキー・コンピテンシーを持ちながら自律的に活動する人をイノベーションと関連付けて説明している。

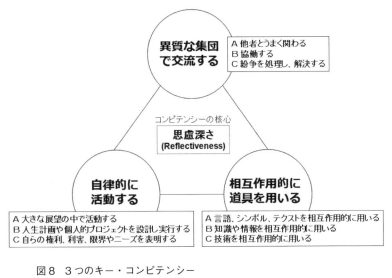

図8　3つのキー・コンピテンシー
出典：国立教育政策研究所「キー・コンピテンシーの生涯学習政策指標
としての活用可能性に関する調査研究」

4　イノベーション人材を目指すキャリア形成における課題と展望

　イノベーション人材を目指すキャリア形成については，ゆりかごから墓場まで，哲学から科学技術まで非常に多様で，様々な取り組みがなされているが，

本節では，著者が専門とする大学でのキャリア形成や，女性のキャリア形成に絞り，現状の課題と述べるとともに，今後の展望について述べ，結びとしたい。

■ 大学でのキャリア形成に注目して

　大学におけるキャリア教育の内容は様々であるが，筆者の勤務している兵庫県立大学においては「地域キャリア論Ⅰ，Ⅱ」というキャリア教育の科目がある。2016 年から開講しており，現在 4 年目である。「地域キャリア論Ⅰ」はオムニバスの講義で，15 回に渡りゲスト講師が講義を実施する形式である。シラバスに示された講義目的は「兵庫県内で活動する様々な企業・組織の業務内容と，そこで働く人々の生活を知ることで，受講生がキャリア・プランとライフ・プランを考えるきっかけとなることを目指す」とし，働く事のみならず，その地域で暮らす事，日々生活をする事や楽しみや豊かさについても触れる。そして，授業設計の根底にはキー・コンピテンシーをはじめ，イノベーションを起こすことにつながるような行動や考え方をおき，登壇したゲスト講師には，今実施している仕事や取り組み，それに至るまでのキャリア，学生時代に取り組んでいて今につながっている事，未来への抱負等を話していただいている中にその要素をちりばめて話して頂いている。学生の受講レポートからは「今まで地域に目を向けたことが無かったが働くという視点で地域を捉え直してみようと思う」「出身県で働くという選択肢もできた。その地域で働くイメージを描いて行動していきたい」「お話を聞いて自分の視野の狭さに気づいた。大げさかもしれないが価値観が変わったように感じる」等の感想が見られた。

　2018 年度には 2 年生から 4 年生まで約 200 名が受講し，初回には湯川カナ氏が登壇した。湯川氏は 2018 年から兵庫県広報官を務め，週 2 日は公務員として働き，その他は起業家としてリベルタ学舎という団体で起業支援や協働を促進するセミナー等の教育事業を行っている。スペイン在住経験もある氏はリンダ・グラットンのライフ・シフト[1] に触れて，人生 100 年時代の生き方について熱く学生に語りかけた。「人生は長い，自分の好きな事を仕事にしよう」というメッセージに「いったい自分は何が好きなのだろう，何のために生きるのだろうか」と深い自問自答が進み，「自分と向き合う大切さを実感した」と

レポートした学生もいた。また，「早く行きたければ，ひとりで行け，遠くまで行きたければ，みんなで行け」という言葉を大事にし，自分の弱みを表に出して自分一人ではできないことを声にし，助け合って社会を創っていく考え方を示した。

　同講義における別の回のゲスト講師，秋田大介氏の登壇にも学生は大いに刺激を受けた。神戸市役所では 2017 年に創設された「地域貢献応援制度」により，職員が公益性の高い地域団体の業務に有償で就くことができるようになった。つまり職員の副業が可能になったのだ。秋田氏はこの制度を利用して神戸市職員と NPO の副理事長を務めるという従来のいわゆる公務員像からはイメージしにくい新しいキャリアを実現している。氏は「神戸を環境先進モデル都市にして全国に発信することを目標にしている。NPO では海で活動しながら子育てをする等，人を巻き込んで仲間を増やしている。公務員はツールとして最大限に活用している」と語り，そのアクティブな生き様に学生は「公務員のイメージが音を立てて崩れた」「将来はこのような人と一緒に働きたい」とレポートに記載した。

　この 2 名のゲスト講師に共通することは，先述した 2 つのキー・コンピテンシーの「相互作用的に道具を用いる力」，「異質な集団で交流する力」，「自律的に活動する力」を発揮し，自ら描いた未来に向かってそれらを十分に活用している点である。自分がどのような資源を持っているかを正確に理解してそれを使っている事例を説明し，他を巻き込みながら明確な未来のイメージを描き行動していることが共通しており，聞いている受講者も心を動かされ行動をしたくなるという仕組みである。さらに，それらを伝えるプレゼンテーションがわかりやすいため，理解がしやすい。その他，近畿財務局神戸事務所の若手グループと組んだ「若手社員のパネルディスカッション」，近畿経済産業局と組んだ「社長カフェ」も実施し，受講生は 18 団体 32 人の人生や価値観に出会えた機会であった。

　「地域キャリア論Ⅱ」は兵庫県中小企業同友会から 6 社の協力を得て，学生が企業の経営者にインタビューを実施し，その映像を撮影しプロモーションビデオを制作するという講義である。講義目的は「身近な存在である兵庫県企業についての理解を深め，動画制作を行うことを通じて，自身のキャリア形成を

考える機会を提供する。」である。2017年から実施しており，2年生から4年生の30名の学生が経営者の魅力を引き出せるようなインタビューの企画立案から撮影編集に至るまでグループで協力して仕上げている。インタビューの過程で企業理解も深まり，経営者としての生き様や考え方に直に出会うことで学んできた理論と実践の確認ができる。また経営者の方と話したり，学生同士で一つの物事をやりきるという人との新しい関わり方に「自分にはこんな一面があったのか」とういう発見をすることもあり自己理解も深まる講義である。

　これらの講義では，ロールモデル（自分にとって「あの人のようにありたい」という在り方，考え方，行動の仕方等の模範となるような人物を指す）として様々なゲスト講師を理解し，地域で生きる，働く，を実践しているプロセスから受講生が，①将来の自身のありたい姿をできるだけイメージする事　②現在の自分の状況を客観視する　③①に向かって，現状の②を①にどうつなげていくのかを考える事や行動すること，を教育効果として期待している。人から言われて，人から示された目標に向かって動くのみならず，自律的に考え，動いていけるキャリアの基礎力を鍛え，イノベーション人材，イノベーションに参画していける人間の育ちを支える取り組みである。

　今後の課題としては，どのロールモデルを選び，どのように学生へ提示をするのか，また実施に際しては講義が一方的にならぬよう，学生の声を拾い，ゲスト講師と学生の相互コミュニケーションを意識した設計と授業運営が重要である。キャリア理論を踏まえた上で問いを設定し，柔軟なコーディネートをするという要素が大切である。また，多様な人や多様な協力団体の協力を得ることが必要不可欠なため，大学の地域貢献や地域における実習等のプログラムと連動しながら総合的に学生の学びを組織のネットワークが支えていくことが望ましい。COC＋事業では他大学，兵庫県，神戸市，神戸商工会議所，兵庫経営者協会，兵庫工業会と連携を組んでひょうご神戸プラットフォームを形成している。そういったネットワークを活かし，大学内だけでなく，地域が若者のキャリア形成に関わり，地域と若者の相互が交流して新しい地域づくり，地域キャリアをともに創れるような仕組みを目指していけることが望ましいだろう。

■ 女性のキャリア形成に注目して

　増田（2014）は「地域消滅時代を見据えた今後の国土交通戦略のあり方について」において，2040年までに20～39歳の女性が半減する自治体が「消滅可能性都市」と示した。この年齢層の女性が減少していくことにより2040年には全国1800市町村のうち約半数の896市町村の存続が困難になると推計されたのである。その数値に基づき，地域における女性が地域に留まり，生活し，次世代を育成していくことの重要性が再認識され，女性活躍推進法もあいまって，「地域における女性のキャリア形成」に関する取り組みが各地で検討され，実施されている。

表　女性就業率の状況（全国・兵庫県）　　　　　　　　　　（単位：%）

項目	全国			兵庫県			兵庫県 − 全国		
	平成17年	平成22年	平成27年	平成17年	平成22年	平成27年	平成17年	平成22年	平成27年
総数	46.4	47.1	48.3	42.9	44.2	45.2	▲ 3.5	▲ 2.9	▲ 3.1
15～19歳	14.9	13.7	13.8	14.2	13.2	13.0	▲ 0.7	▲ 0.5	▲ 0.8
20～24歳	64.5	64.3	65.3	62.8	62.4	62.9	▲ 1.7	▲ 1.9	▲ 2.5
25～29歳	69.1	73.0	77.1	66.7	71.1	75.0	▲ 2.4	▲ 1.8	▲ 2.1
30～34歳	59.2	65.0	70.3	54.4	60.7	66.2	▲ 4.8	▲ 4.3	▲ 4.1
35～39歳	60.2	64.2	70.1	55.2	59.5	65.3	▲ 5.1	▲ 4.7	▲ 4.8
40～44歳	67.9	69.0	73.5	63.7	65.3	69.8	▲ 4.2	▲ 3.7	▲ 3.7
45～49歳	71.4	72.8	75.5	67.1	69.7	72.5	▲ 4.3	▲ 3.1	▲ 2.9
50～54歳	67.0	70.7	74.2	61.9	66.9	71.3	▲ 5.1	▲ 3.8	▲ 2.9
55～59歳	58.5	61.8	67.7	52.8	56.7	63.7	▲ 5.7	▲ 5.1	▲ 4.0
60～64歳	39.5	45.7	50.8	33.7	40.8	45.6	▲ 5.8	▲ 4.9	▲ 5.2
65～69歳	25.7	28.5	33.2	20.6	24.1	28.3	▲ 5.1	▲ 4.4	▲ 4.9
70～74歳	16.3	17.4	19.6	12.5	14.1	16.0	▲ 3.8	▲ 3.3	▲ 3.6
75～79歳	10.4	10.3	11.4	8.1	8.2	8.7	▲ 2.3	▲ 2.1	▲ 2.7
80～84歳	5.6	6.2	6.1	4.6	5.2	4.8	▲ 1.0	▲ 1.0	▲ 1.3
85歳以上	2.1	2.5	2.4	1.7	2.2	2.0	▲ 0.4	▲ 0.3	▲ 0.4
(再掲)65歳以上	14.0	14.6	16.5	11.1	12.4	13.5	▲ 2.8	▲ 2.2	▲ 3.0
(再掲)75歳以上	6.6	6.6	6.7	5.2	5.4	4.9	▲ 1.3	▲ 1.2	▲ 1.8

（出所）総務省「国勢調査」
就業率：15歳以上の人口の中で，実際に働いている人の割合

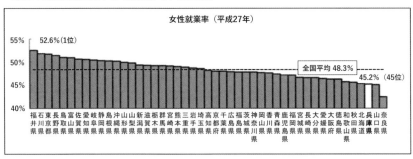

図9　女性就職率の状況（全国，兵庫県）
　　出典：「平成28・29年度 兵庫県女性が活躍する社会づくりのための
　　　　　環境整備のあり方について（最終報告）」

　女性活躍がイノベーションにもたらす企業の実践，成果の事例は第4章に記された通りだが，兵庫県においては女性が企業の中でイノベーションを起こす存在に至るまでの壁が厚い。「平成28・29年度 兵庫県女性が活躍する社会づくりのための環境整備のあり方について（最終報告）」によると兵庫県の女性の労働力率，就業率等は年々上昇傾向にあるものの，2015年国勢調査では女性就業率は全国ワースト3であり，全国と比較すると引き続き低い現状が示された。東京一極集中が進み，関西の経済が衰退し，兵庫県も人口減少が進んでいるなかで，経済を活性化し，住みやすい兵庫県を実現するためには女性活躍推進は欠かせないとする一方，「何も経済発展のために女性に働いてくれといったことではない」と冒頭の文章は語り掛ける。「働きたいと希望しているにも関わらず，働けない。希望する働き方で働けない。女性を雇用したいのに雇えない。女性活躍を推進しているのにうまくいかない。これらのギャップがどのような原因で生じているのか。どうすればうまくいくのか」を探るため実施された調査であり，現状を把握してその後の施策につなげていくための大切な声としてこの調査データを捉えている。

　この調査の前段は国勢調査も含めた雇用形態，業種などの働き方の実態調査の報告となっているが，中盤は「就業に関する意識」に着目したアンケート結果を分析している。仕事と家事・育児の両立など課題が多い子育て世代（対象は子育て拠点に集まる子連れの母親，支援者の中高年の女性）と次世代を担う女子学生（対象は県内10大学の学生）を中心にライフコースに対する考え方，女性の就業の妨げになっていると考えられる男女の役割や仕事に対する意識や影響を与える要因について検討がされている。この調査の結果として示されているのは下記の3点だ。

①両世代の母親世代と比較して，両世代とも全体的に就業意欲は高い。女子学生は，子育て世代と比較して，仕事を続けたいとする割合と専業主婦になりたいとする割合が高く，分散がみられ，全体的に娘のライフコースは，母親のライフコースの影響を受けている傾向が確認された。

②子育て世代に関して希望するライフコースと実際に歩みそうなライフコースでは，若干のギャップがあり，就業に関しても必ずしも希望通りになっ

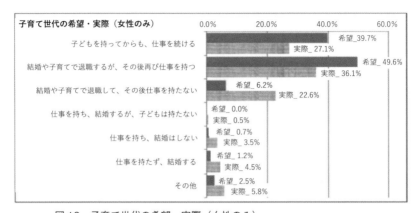

図10　子育て世代の希望・実際（女性のみ）
出典：「平成28・29年度 兵庫県女性が活躍する社会づくりのための
　　　 環境整備のあり方について（最終報告）」

ていない層が存在する。

③夫婦の役割分担意識，妻の就業に関する意識について　全体として夫婦の
　役割分担意識は薄まっているものの，生活に困らなければ女性が働く必要
　はないと考える層も一定程度存在している。子育て世代よりも，女子学生
　の方が役割分担意識[2]が強い傾向にある。役割分担意識が高いほど，ライ
　フコースにおいて就業に関する意識が低い。

　同報告書の後半の2017（平成29）年2月10日〜2月17日に実施されたイ
ンターネット調査の大学生の回答においても性別役割分担意識の結果は同様で
あったと報告がなされている。次世代を担う女子学生世代は子育て世代よりも，
学生は仕事を中断したくない層と，専業主婦になりたい層の割合が高い傾向が
みられた。さらに，希望と実際になりそうな生き方を比較すると，学生の希望
では「子どもを持ってからも，仕事を続ける」が多いが，「実際になりそう」
は10%以上減っている。「仕事は持ち，結婚はしない」は希望では少ないが，「実
際はそうなりそう」だと考える割合が多くなっている。次世代を担う女子学生
世代のヒアリングにおいても図11の示すように，仕事と家庭の両立について
持っているイメージは，仕事については「長時間労働」「大変そう」というイ
メージで，ネガティブイメージで多く意見が出るのに対し，ポジティブイメー

ジについては少なかったことが報告されている。正社員で共働きの母が苦労しているのを見て，両立は大変そうだというイメージを持ってしまっている学生もいたという事例もあり，身近に両立しているロールモデルがいない等，イメージを描くのが難しい傾向にあることが示唆された。

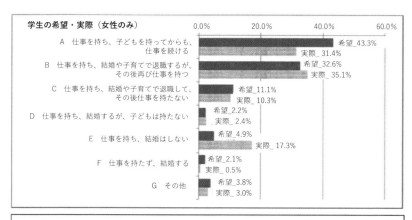

図11 学生の希望・実際（女性のみ）
出典：「平成28・29年度 兵庫県女性が活躍する社会づくりのための
環境整備のあり方について（最終報告）」

　これらの複数の調査を経て，今後，兵庫県が取り組む柱は下記の通りと示されている。

　①家事・育児・介護等と両立でき，自分の能力等を生かし，楽しんで仕事ができる「働きやすい・働きがいのある職場」など"女性が活躍できる環境づくり"

②地域文化や特性等に影響を受けていると思われる「女性の就業分野」の
　拡大
③若い世代に明確なライフ・プラン設計ができるよう「次世代のライフデ
　ザインへの支援」

　の3つの柱である。これらについては，その推進を担う各自治体や男女参画
センター，また第4章で触れたひょうご仕事と生活センター等の事業に加え，
教育機関におけるキャリア教育においても重要な視点となるであろう。また，
それは20代の大学生だけでなく今後のリカレント教育[3]を含めた生涯学習の
機会として，多様な世代が高等教育で学び直すこともこの課題を解決する一つ
の機会となるであろう。
　既に実施されている上記の事例として筆者が実施している事業を2例紹介し
ておこう。1つは上記の取り組む柱①にあたる「小1の壁講座」である。これ
は兵庫県や神戸市の男女共同参画センターからの依頼や筆者が自主的に開催を
したものを含め，2013年から兵庫県内15か所で実施してきた講座である。「小
1の壁」とは子育てをしながら働く両親が，子供が小学校に進学する際にぶつ
かる困難や不安の総称のことである。地域によって事情は多少異なるが，例え
ば保育園では延長制度等を利用すれば19時まで子供を預かってくれる等のサ
ポートがあるが，小学校の低学年では子供は給食を食べてすぐ下校する等の生
活の時間の変化がある。学校以外の時間をどこで誰と何をして過ごすのかを親
子で考えて決めることが大切であり，必要なのだ。この講座では小学生を育て
ながら働く生活の理解をし，その上で自分はどのように働きたいのか，また
職場や地域等とどのように関わって仕事と育児を両立するかを言語化していく。
無理せず，気持ちよく仕事も子育てにも取り組める方法を考え，他者にも働き
かけてそれが実現できるようになることを目標としている。
　2つ目は③の実践としての女子学生対象のキャリアの講義である。講義は2
年生と3年生60名程度の女子学生が受講する形式で半期15回実施しており，
大きく3つのパートで構成している。1つ目は女性の就業率，年収，婚姻の状
況等の基本的な統計データや法律を学び，卒業後に自身がキャリアを築いてい
く社会を知るパートである。なんとなくのイメージではなく具体的な数字を把

握することが重要である。2つ目は卒業生の生き方から自身の未来をイメージするというパートである。インターネット等の媒体を通さず，ゲスト講師を目の前にしてその経験をお聞きし，実際の仕事の進め方ややりがい，困難や喜びをお聞きする形式は，学生の心に語りかけられるようで学生の自問自答が進む。仕事をする事への興味と理解は深まり，「私にもこんな風に生きていきたいというイメージがある」と将来のイメージが明確化されるので，その実現のために動きたくなる。3つ目は全体を通して学んだことをグループプレゼンテーションとして発表する事である。他者と共に1つのプレゼンテーションを作る過程で自身の強みを再認識したり，現時点でのできる事，できない事が明確になる。これらを経て，自身の未来に興味をもって積極的に未来を描くことができるようになる。仕事も生活も大切にし，自分らしく生きていくことを決めた女子学生たちは自らの主体性を発揮しいきいきと自身の未来を創るための行動をし始める。自分のキャリアは自分で決めて描いていくものであり，そのために一生使えるキャリア形成の基礎体力を鍛えている。この学生が実際には上述の小1の壁にぶち当たることもあるかもしれない。その際にもこの講義で得たことを使って乗り越えてほしいという長期的な視点も盛り込んでいる。

　家庭と仕事の両立に関する制度や支援を知り，活用し，もしそのような機会がないのであれば社会資源整備のために声をあげたりすることは必要である。そして，女性だけが声を上げて，女性だけの問題として捉えることなく，両性の個人がそれぞれにどのような人生を選択するかを考え，それぞれの人生の段階のステージあった納得できる選択をしていく必要性がますます高まるのではないか。今回はイノベーション人材としてこれから更なる活躍が期待されている対象として女性を取り上げたが，ダイバーシティ＆インクルージョンの実現と，より幸せな働き方の実現のためには全ての人に学ぶ機会があり，それを自分らしく生きる選択につなげることが出来る社会を目指していくことが望まれるであろう。多くの今までは参画が難しかった人が参画することにより，イノベーションを起こし，地域の，世界の発展につながる根源となっていくことであろう。

■ おわりに

　本章ではキャリアとイノベーションについて述べてきた。今後ますます複雑になり混とんとする社会の中で自分らしいキャリア形成を実現するロールモデルとして今回示した考え方や方法がある。就職活動のスケジュールが変わることが不安，就職先の将来の見通しが良くないといったこともあるだろう。そのような中でもキャリアの転機において人生を選択する時が必ずある。人生の転機には自分の納得度，自己決定が大切である。そのためにも社会理解と自己理解を深め，つなげ合わせてキャリアを考え，自分らしい形でイノベーションを体現する人生を選択されることを願っている。

【注】

1 ）2016 年に出版されたリンダ・グラットンによるこれからの時代の長寿命化社会への生き方の戦略を示した本。80 歳程度の平均寿命を前提に教育，仕事，引退の 3 段階で考えられてきたライフコースは，今後は 100 歳まで生きることを前提に大きく変化する予測を示し，35 万部を売り上げ，2017 年には政府主導の人生 100 年時代構想会議がスタートした。

2 ）性別役割分担意識とは「夫が外で働き，妻が家事・育児に専念する」等，性別を理由として役割を決める考え方である。

3 ）文部科学省定義（2015）によると「リカレント教育」とは，「学校教育」を，人々の生涯にわたって，分散させようとする理念であり，その本来の意味は，「職業上必要な知識・技術」を修得するために，フルタイムの就学と，フルタイムの就職を繰り返すことである（日本では，長期雇用の慣行から，本来の意味での「リカレント教育」が行われることはまれ）。我が国では，一般的に，「リカレント教育」を諸外国より広くとらえ，働きながら学ぶ場合，心の豊かさや生きがいのために学ぶ場合，学校以外の場で学ぶ場合もこれに含めている（この意味では成人の学習活動の全体に近い）。なお，「リフレッシュ教育」は，「リカレント教育」のうち，①職業人を対象とした，②職業志向の教育で，③高等教育機関で実施されるものであり，むしろ諸外国での「リカレント教育」に近い概念である。

《参考文献》

・梅崎修・田澤実（2013）『大学生の学びとキャリア　入学前から卒業後までの継続調査の

分析』法政大学出版局

- 菊池武剋（2012）「キャリア教育（特集 この学問の生成と発展）」『日本労働研究雑誌』621, pp.50-53
- 玄田有史・佐藤香・永井暁子（2008）「学校における職業教育の経済効果」Journal of Quality Education, vol.1, pp.51-68
- 児美川孝一郎（2010）「『若者自立・挑戦プラン』以降の若者支援策の動向と課題 – キャリア教育政策を中心に」『日本労働研究雑誌』602, pp.17-26
- 児美川孝一郎（2007）『権利としてのキャリア教育』明石書店
- 田澤実（2011）「大学におけるキャリア教育の課題 – 大学設置基準の改正に伴って（〈特集〉未来を創る青年とどのように関わるか）」『心理科学』32（1）, pp.9-21
- 高崎美佐・武石恵美子（2017）「大学のキャリア教育が学生のキャリア意識に及ぼす影響」『生涯学習とキャリアデザイン』法政大学キャリアデザイン学会, 15（1）, pp.133-147
- 日本キャリア教育学会（2008）『キャリア教育概説』東洋館出版社
- 平尾智隆（2017）「キャリア教育が大学生のキャリア意識に与える影響 – 実験的環境下での計測」NIER Discussion Paper Series No.6
- 藤田晃之（2019）『キャリア教育フォービギナーズ「お花畑系キャリア教育」は言われるほど多いか？』実業之日本社
- 松尾知明（2017）「21世紀に求められるコンピテンシーと国内外の教育課程改革」『国立教育政策研究所紀要』146, pp.9-22
- 渡辺三枝子・E.L.Herr（2001）『キャリアカウンセリング入門 – 人と仕事の橋渡し』ナカニシヤ出版
- Super, D.（1980）"A life-span, life-space approach to career development." *Journal of Vocational Behavior.* 16, pp.282-296.
- 平成28年度の大学における教育内容等の改革状況について（概要）
  http://www.mext.go.jp/a_menu/koutou/daigaku/04052801/_icsFiles/afieldfile/2019/05/28/1417336_001.pdf（最終アクセス日2019年12月22日）
- マイナビ「2020卒　マイナビ大学生Uターン・地元就職に関する調査」
  https://saponet.mynavi.jp/release/student/u-turn/2020apr04/（最終アクセス日2019年12月22日）

※文中の答申，文書，報告書等は文部科学省，経済産業省，厚生労働省，内閣官房，国立教育政策研究所，国土交通政策研究所，兵庫県の各ホームページを参照してください。

コラム キャリア育成としての神戸大学 ESD コースの意義

鴨谷 真（神戸大学大学院人間発達環境学研究科）

　神戸大学 ESD コースは，環境，貧困，平和，人権，福祉，健康問題などの幅広い観点を組み込んだ「持続可能な開発のための教育（ESD）」を，アクションリサーチの手法によって全体的に理解するとともに，その推進者としての力量を形成するための新しい学修コースである。ESD に求められる課題の多様性に対応し，貧困，平和，人権，倫理，健康など「持続可能な社会の形成」に重点をおいた各学部の特色を生かした多領域の学びが用意されている。また，地域社会の活動現場に出かけ，学外の人々と連携しながら実践活動への参画（アクションリサーチ）を通して，持続不可能な社会や仕組みの問題性，解決の方向性を現場の中から探求していく。こうした特徴的な仕組みのなかで，個別の専門知識に偏らない複眼的な視点，実際の問題を解決する上で求められる組織・集団の調整能力，および問題を解決する意志とスキルを持った人材の養成を目標としている。

　授業を通じて，基礎科目 4 単位，関連科目 6 単位，フィールド演習科目 4 単位の合計 14 単位取得（2019 年度時点）することにより ESD プラクティショナーとして，認定書が学長名で授与されている。この資格は SDGs を推進する企業や行政にとって，求められる資格の一つになろう。

　ESD コースは神戸大学 11 学部（全学部）に入学したすべての学生が履修でき，さまざまな学生同士が授業を通して関わり合う総合化を目指すコースでもある。アクションリサーチを通して，学生自身が持つ社会に対する認識装置の確認や多様性を持った考え方，批判的な捉え方など，問題の当事者性をより深める学びを生んでいる。こうしたボランティアやフィールドワークを含む授業内での活動参加も単位取得の評価対象としている。

　こうしたカリキュラムによって，さまざまな分野の知識や発想を融合させて，新しい価値を生み出せる人材が，これからの企業にとって必要不可欠な人材のなるのではないだろうか。ここに，キャリア育成としての神戸大学 ESD コースの意義が見いだせるのである。

■ SDGs への取り組み

2030 アジェンダにおいて掲げられた持続可能な開発目標 SDGs は国連，各政府，市民組織，企業，研究者など様々な立場の人たちが関わり成立した地球レベルの取り組みである。

SDGs は 17 の目標と 169 個のターゲットで構成され，現在，国内外でも多くの企業が参画している。これからのわれわれ共通の未来「Our Common Future」のために，地域創生や産業界との連携に際して SDGs が掲げる課題相互間の関係「Inter-linkage」を意識し，世界を変革する力「Transforming Our World」を培い，発揮することで，だれひとり取り残さない社会「No One Left Behind」を目指す。

SDGs に向けて神戸大学が果たす役割は，これまでに培った ESD との関係性を認識しつつ，文理融合，新学術領域の開拓等の成果を活かしながら進めることである。

■ ESD スタディツアープログラムの活用

神戸大学 ESD コースは，国連大学の認証組織である ESD 推進ネットひょうご神戸[1] と協働して，地域と連携した本格的な ESD プログラム「ESD スタディツアー」を活用している。

参加者は，スマートフォンやパソコンから関心ある活動やイベントをポータルサイト内の「ESD ツアーカレンダー」から自由に選んで参加。一度活動に参加すると，ユースや社会人からなる「ESD プラットフォーム WILL」[2] とゆるやかにつながり，ほかの領域の活動情報を得たり，次のプランを相談することができる。ポータルサイトは神戸大学生だけでなく，高校生や他大学の学生，一般の人も利用しており，さまざまな人と関わり合いながら，学内外の ESD の世界に触れる機会を得る事ができる。この ESD スタディツアープログラムは授業のカリキュラムにも生かされており，外部講師として活動団体を招いたり，ツアー参加を授業に組み込んだり，様々な活用がなされている。

【注】
1）「ＥＳＤ推進ネットひょうご神戸」（RCE 兵庫－神戸）

地域に根差した「ＥＳＤ推進ネットひょうご神戸」は、「21世紀の課題」とされるESD（持続可能な開発のための教育）を，兵庫・神戸を拠点に推進することを目的として，2007年に設立された任意組織である。国際連合大学の「グローバルRCEネットワーク構想」に賛同し，同大学から「RCE（Regional Center on ESD:ESD推進の地域拠点）」と同2007年8月に認証された。2018年現在，世界にRCEは160箇所以上，日本国内には7箇

所ありESD推進ネットひょうご神戸の認証上の正式名称は「RCE Hyogo-Kobe」である。

2）「ESDプラットフォームWILL」
WILLは多くの人や団体と共にESDを進めていくことをねらいとし，主にユースの若いメンバー中心となって〈出会い〉や〈つながり〉の方法を自ら動きながら考え，社会へ提案していく組織である（Work・Inclusion・Life & Loveの略）

経験値教育プログラムとキャリア形成

大江 篤（園田学園女子大学人間教育学部）

園田学園女子大学は兵庫県尼崎市に位置し，人間健康学部，人間教育学部，短期大学部で構成される在籍数約1,700人の女子大学である。建学の精神「捨我精進」のもと，「経験値教育により，他者と支えあう人材の育成」を教育理念に掲げており，女性が自己の社会的使命を自覚し，社会的・精神的・経済的に自立できるよう，看護師，小・中・高校教諭，管理栄養士，幼稚園教諭，保育士など専門職に従事する人材を育成している。したがって，本学の教育課程は，国家資格の養成課程が中心となり，学科毎で独立する傾向が強い。しかしながら，社会情勢の急激な変化に対応するためには，「深い教養」や「人間としての深み」が備わった人材の育成が重要である。そこで，社会での多様な体験から学ぶ「経験値教育」を推進している。

本学では，2002年度から「経験値教育」を教育コンセプトとして掲げた。「経験値教育」とは，教室で理論的なことを学んだ上で，地域での学びを通して，理論的なことが証明されたり，理性的に考え，納得できたりすること，

教室で学んだことが，地域社会でどう活用されるかを実感することで，理論と実践が結びつき，さらに次の学びと発展していく，循環型の教育である。2013年度に大学COC事業「〈地域〉と〈大学〉をつなぐ経験値教育プログラム」の採択を受け，経験値教育プログラムの構築を目指した。

まず，2014年度から「大学の社会貢献」を開講した。1年次生の大学・短期大学部の全学共通の基幹科目で，大学の所在する尼崎市について知るとともに，どのような地域課題があるか認識することを目的としている。講義には，尼崎市役所や尼崎商工会議所，地域団体（NPO法人，自治会など）からゲストスピーカーを招いて多角的に地域を見る目を養う。2019年度からは必修科目（短期大学部は選択科目）とし，2年次以降の地域志向科目の基礎となる科目と位置付けている。

2016年度からは，フィールドに出て地域課題に向き合う課題解決型の演習科目「つながりプロジェクト」（2年次生，必修）という科目を開講した。この科目は，ゼミ形式で1年間（2019

年度からは半期），尼崎市を中止とした地域の課題に即したテーマを，行政や NPO，地域団体とともに取り組み，課題解決に向けての企画，提言を行うことを目指す。4 年間で延べ 50 のプロジェクトを開講している（表）。クラスは，学部学科を横断して編成し，異なる専門領域の学生が地域課題に向き合う。多様な価値観をもつ学生同士が協働し，企画，立案する経験を積むことを目指した。このことによって社会で求められるコンピテンシーを養うことできると考えている。

そして，フィールド活動において，地域の様々なステークホルダーとともに活動する中で経験値を高めることを

目標とする。さらに，「つながりプロジェクト」で地域の実情を知り，調査研究した多様な地域課題への眼差しを基盤に，専門科目や実習において，より実践的な取り組みや理解の深まりにつながるようカリキュラムを設計する。また，課外での地域活動も推奨し，課題探求能力を身につけ，企画力や実行力，マネジメント能力を養うことを目指す。

この教育プログラムのもう一つの特色は，学修成果の可視化である。経験値教育プログラムで培われる力を「気づく力」「考えぬく力」「コミュニケーション力」「協働する力」「自ら学ぶ力（主体性）」の 5 つのベンチマークを設

つながりプロジェクト一覧表

No.	プロジェクトテーマ	2016年度	2017年度	2018年度	2019年度
1	教育の情報化による「わかりやすい授業」の実現に向けて	○			
2	幼稚園・小学校・高等学校での効果的なタブレット活用を考えよう!		○	○	
3	VR, AR, AIロボット,ドローンなど最新のテクノロジーを体験し,社会に役立つ提案をしよう!				○
4	地域における感染対策「手洗い教室（講習会）」	○	○	○	
5	地域資源を活用した安心・安全まちづくり	○			
6	防災　Re：デザイン−若者が参加したくなるような防災を考えよう−		○	○	
7	地域子育て支援	○			
8	健康意識の高い町・尼崎の土台づくりと食育の定着について	○			
9	庄下川環境を利用した地域住民の親水性の向上	○	○	○	
10	運動を活用した健康に暮らせる街づくり	○			
11	地域に住む高齢者との運動交流プログラム〜人つむぎ尼つむぎ〜		○		
12	地域日本語教育への提言−ボランティア育成の実践と課題−	○	○	○	○
13	学校と地域で創るからだと心の健康	○			
14	長期・短期留学生との交流を通じて異文化理解を深める	○			

15	尼崎の歴史・文化を世界に発信する		○		
16	おもしろき こともなき世を おもしろく	○	○	○	○
17	100年の森づくりから生物多様性で選ぶプログラムを作る	○			
18	尼崎の森中央緑地で生き物のつながりを楽しむ環境学習を作ろう		○	○	○
19	地域の学びプロデュース演習	○	○	○	
20	まちづくり企画実践演習	○	○	○	
21	尼崎の女性センターを知り、男女共同参画社会を考える	○		○	○
22	男女共同参画の視点をもった防災・防犯を考える		○		
23	地域に身近な薬局フリースペースにおける健康づくりプロジェクト	○			
24	尼崎探検隊　富松地域	○			
25	地域の歴史を知り、地域への誇りや愛着を育む	○	○		
26	子供のための郷土学習教材を作る		○	○	
27	「そこらにあるもん」をブレイクさせて、見慣れた町をキラめかそう			○	
28	尼崎城のまわりの魅力を見つけよう！				○
29	あまっこキャリア教育プログラムの開発・実施	○			○
30	あまっこの挑戦！地域課題解決型・教育プログラムの開発			○	
31	武庫地区における市民活動の多様性の理解と実践的研究	○			
32	「笑い」による健康増進プログラムの開発	○			
33	「笑育」で２１世紀型スキルを磨く		○		
34	「笑い」を活用した教育プログラム「笑育」の実践			○	
35	小学校でのプログラミング教育		○	○	○
36	コンピュータサイエンスをより身近に				○
37	図書館探検隊　図書館革命		○	○	○
38	地元企業連携による休眠知財活用アイデアの創出	○			
39	地元企業との連携による商品アイディアの創出			○	○
40	みんなでつくる展覧会		○	○	
41	オブジェ作品を作ろう!!				○
42	地域社会とまちづくり		○	○	○
43	子どもの貧困支援			○	
44	村の魅力発見！　香美町小代の宝探し			○	
45	記者リテラシーを活用した表現の実践～地域の情報発信～				○
46	地域での学びの形を考え、実践する				○
47	神戸・南京町から、若者の地域づくりを考える				○
48	女性が活躍できる環境を考える				○
49	地域におけるお寺・神社の可能性～地域資源としての宗教施設				○
50	不登校・高校中退の生きる道を探る				○

けている。5つの大項目の下に21の中項目を設定し，さらに127の質問項目からなるアセスメントを実施している。さらに，ボランティア活動をはじめとする日々の地域活動を記録するシステムも構築している。そこでは「つながり評価」といい，活動先の地域の方々に経験値の5つの力を評価していただくようにしている。学生の活動を教職員だけではなく，地域の方々に評価していただくのである。学生にとって，教員だけではなく，多様な視点からの評価を受けることにより，リフレクションが可能となる仕組みである。

　以上，経験値教育プログラムの一端を紹介してきたが，学生にとって，経験値を高めることの意義を認識させることが大きな課題である。経験値は，社会人として備えておくべき力である。その重要性は，実際に社会人になり，数年を経なければ実感できない。また，「つながりプロジェクト」での学びについても，学部学科の専門領域と直接結びつかないテーマや学生自身の居住地ではない地域について学ばなければならないことに不満を持つ学生が少なくない。しかしながら，学生のライフプランを考えさせながら，経験値教育プログラムの意義を説き続けなければならない。「あの時の経験があるから今の自分がある」と将来学生が振り返ることのできる教育こそが，本学の目指す経験値教育なのである。

写真　つながりプロジェクトの活動風景　出典：園田学園女子大学

著者一覧〔執筆順〕　＊は編者

＊山口 隆英（やまぐち たかひで）　兵庫県立大学国際商経学部 教授

　市村 陽亮（いちむら ようすけ）　宮崎公立大学人文学部 助教

　鈴木 竜太（すずき りゅうた）　神戸大学大学院経営学研究科 教授

　有吉 智香（ありよし ちか）　前兵庫県産業労働部政策労働局産業政策課 企画調整参事

＊鴨谷　香（かもたに かおり）　兵庫県立大学地域創造機構 特任講師

　瀧井 智美（たきい ともみ）　株式会社 ICB 代表

　谷　美樹（たに みき）　神戸新聞社地域総研企画調査部

　竜　聖人（りゅう まさと）　兵庫県立大学地域創造機構 特任助教

　佐藤 慎介（さとう しんすけ）　佐藤精機株式会社 代表取締役社長

　長野 寛之（ながの ひろゆき）　兵庫県立大学産学連携・研究推進機構 教授

　坪田 卓巳（つぼた たくみ）　ReCura Inc. 代表
　　　　　　　　　　　　　　　SDGs de 地方創生 公認ファシリテーター

　前田 千春（まえだ ちはる）　兵庫県立大学地域創造機構 特任助教

　中島 高幸（なかしま たかゆき）　株式会社但馬銀行地域密着推進課 課長

　松崎 太亮（まつざき たいすけ）　神戸市企画調整局 ICT 連携担当部長

　小田 真人（おだ まさと）　株式会社オシンテック 代表

　近藤 清人（こんどう きよと）　株式会社 SASI DESIGN 代表

　越知 昌賜（おち まさし）　兵庫県立大学経営学部 特任教授

　鴨谷　真（かもたに まこと）　神戸大学大学院人間発達環境学研究科 学術研究員
　　　　　　　　　　　　　　　神戸大学大学教育推進機構 ESD コース総合コーディネーター

　大江　篤（おおえ あつし）　園田学園女子大学人間教育学部 教授

地域創生に応える実践力養成
ひょうご神戸プラットフォームシンボルマーク

地域づくりの基礎知識5
働き方とイノベーション

―――――――――――――――――――――

2020 年 3 月 30 日　初版第 1 刷発行

編者―――山口隆英　鴨谷 香

発行―――神戸大学出版会
〒 657-8501 神戸市灘区六甲台町 2 - 1
神戸大学附属図書館社会科学系図書館内
TEL 078-803-7315　FAX 078-803-7320
URL: http://www.org.kobe-u.ac.jp/kupress/

発売―――神戸新聞総合出版センター
〒 650-0044 神戸市中央区東川崎町 1-5-7
TEL 078-362-7140 ／ FAX 078-361-7552
URL:https://kobe-yomitai.jp/

印刷／神戸新聞総合印刷

―――――――――――――――――――――

地域づくりの基礎知識 ❶

地域歴史遺産と現代社会

奥村　弘・村井良介・木村修二／編

本体価格 2,300円　　発行：神戸大学出版会　　ISBN978-4-909364-01-2

地域づくりの基礎知識 ❷

子育て支援と高齢者福祉

高田　哲・藤本由香里／編

●目　次

本体価格 2,300円　　発行：神戸大学出版会　　ISBN978-4-909364-02-9

地域づくりの基礎知識 ❸

農業・農村の資源とマネジメント

中塚雅也／編

本体価格 2,300円　　発行：神戸大学出版会　　ISBN978-4-909364-04-3

地域づくりの基礎知識 ❹

災害から一人ひとりを守る

北後明彦・大石 哲・小川まり子／編

本体価格 2,300円　　発行：神戸大学出版会　　ISBN978-4-909364-05-0